物化历史系列

长城史话

A Brief History of the Great Wall in China

叶小燕 / 著

社会科学文献出版社
SOCIAL SCIENCES ACADEMIC PRESS (CHINA)

图书在版编目（CIP）数据

长城史话/叶小燕著 . —北京：社会科学文献出版社，2011.12（2014.8 重印）
（中国史话）
ISBN 978 – 7 – 5097 – 2451 – 4

Ⅰ.①长… Ⅱ.①叶… Ⅲ.①长城 – 历史
Ⅳ.①K928.77

中国版本图书馆 CIP 数据核字（2011）第 111645 号

"十二五" 国家重点出版规划项目

中国史话·物化历史系列

长城史话

著　　者 / 叶小燕

出 版 人 / 谢寿光
出 版 者 / 社会科学文献出版社
地　　址 / 北京市西城区北三环中路甲 29 号院 3 号楼华龙大厦
邮政编码 / 100029

责任部门 / 人文分社 （010）59367215
电子信箱 / renwen@ ssap. cn
责任编辑 / 黄　丹　乔　鹏
责任校对 / 魏小薇
责任印制 / 岳　阳
经　　销 / 社会科学文献出版社市场营销中心
　　　　　 （010）59367081　59367089
读者服务 / 读者服务中心 （010）59367028

印　　装 / 北京画中画印刷有限公司
开　　本 / 889mm×1194mm　1/32　印张 / 8.25
版　　次 / 2011 年 12 月第 1 版　字数 / 163 千字
印　　次 / 2014 年 8 月第 2 次印刷
书　　号 / ISBN 978 – 7 – 5097 – 2451 – 4
定　　价 / 15.00 元

总　序

　　中国是一个有着悠久文化历史的古老国度，从传说中的三皇五帝到中华人民共和国的建立，生活在这片土地上的人们从来都没有停止过探寻、创造的脚步。长沙马王堆出土的轻若烟雾、薄如蝉翼的素纱衣向世人昭示着古人在丝绸纺织、制作方面所达到的高度；敦煌莫高窟近五百个洞窟中的两千多尊彩塑雕像和大量的彩绘壁画又向世人显示了古人在雕塑和绘画方面所取得的成绩；还有青铜器、唐三彩、园林建筑、宫殿建筑，以及书法、诗歌、茶道、中医等物质与非物质文化遗产，它们无不向世人展示了中华五千年文化的灿烂与辉煌，展示了中国这一古老国度的魅力与绚烂。这是一份宝贵的遗产，值得我们每一位炎黄子孙珍视。

　　历史不会永远眷顾任何一个民族或一个国家，当世界进入近代之时，曾经一千多年雄踞世界发展高峰的古老中国，从巅峰跌落。1840 年鸦片战争的炮声打破了清帝国"天朝上国"的迷梦，从此中国沦为被列强宰割的羔羊。一个个不平等条约的签订，不仅使中国大量的白银外流，更使中国的领土一步步被列强侵占，国库亏空，民不聊生。东方古国曾经拥有的辉煌，也随着西方列强坚船利炮的轰击而烟消云散，中国一步步堕入了半殖民地的深渊。不甘屈服的中国人民也由此开始了救国救民、富国图强的抗争之路。从洋务运动到维新变法，从太平天国到辛亥革命，从五四运动到中国共产党领导的新民主主义革命，中国人民屡败屡战，终于认识到了"只有社会主义才能救中国，只有社会主义才能发展中国"这一道理。中国共产党领导中国人民推倒三座大山，建立了新中国，从此饱受屈辱与蹂躏的中国人民站起来了。古老的中国焕发出新的生机与活力，摆脱了任人宰割与欺侮的历史，屹立于世界民族之林。每一位中华儿女应当了解中华民族数千年的文明史，也应当牢记鸦片战争以来一百多年民族屈辱的历史。

当我们步入全球化大潮的21世纪，信息技术革命迅猛发展，地区之间的交流壁垒被互联网之类的新兴交流工具所打破，世界的多元性展示在世人面前。世界上任何一个区域都不可避免地存在着两种以上文化的交汇与碰撞，但不可否认的是，近些年来，随着市场经济的大潮，西方文化扑面而来，有些人唯西方为时尚，把民族的传统丢在一边。大批年轻人甚至比西方人还热衷于圣诞节、情人节与洋快餐，对我国各民族的重大节日以及中国历史的基本知识却茫然无知，这是中华民族实现复兴大业中的重大忧患。

中国之所以为中国，中华民族之所以历数千年而不分离，根基就在于五千年来一脉相传的中华文明。如果丢弃了千百年来一脉相承的文化，任凭外来文化随意浸染，很难设想13亿中国人到哪里去寻找民族向心力和凝聚力。在推进社会主义现代化、实现民族复兴的伟大事业中，大力弘扬优秀的中华民族文化和民族精神，弘扬中华文化的爱国主义传统和民族自尊意识，在建设中国特色社会主义的进程中，构建具有中国特色的文化价值体系，光大中华民族的优秀传统文化是一件任重而道远的事业。

当前，我国进入了经济体制深刻变革、社会结构深刻变动、利益格局深刻调整、思想观念深刻变化的新的历史时期。面对新的历史任务和来自各方的新挑战，全党和全国人民都需要学习和把握社会主义核心价值体系，进一步形成全社会共同的理想信念和道德规范，打牢全党全国各族人民团结奋斗的思想道德基础，形成全民族奋发向上的精神力量，这是我们建设社会主义和谐社会的思想保证。中国社会科学院作为国家社会科学研究的机构，有责任为此作出贡献。我们在编写出版《中华文明史话》与《百年中国史话》的基础上，组织院内外各研究领域的专家，融合近年来的最新研究，编辑出版大型历史知识系列丛书——《中国史话》，其目的就在于为广大人民群众尤其是青少年提供一套较为完整、准确地介绍中国历史和传统文化的普及类系列丛书，从而使生活在信息时代的人们尤其是青少年能够了解自己祖先的历史，在东西南北文化的交流中由知己到知彼，善于取人之长补己之短，在中国与世界各国愈来愈深的文化交融中，保持自己的本色与特色，将中华民族自强不息、厚德载物的精神永远发扬下去。

《中国史话》系列丛书首批计 200 种，每种 10 万字左右，主要从政治、经济、文化、军事、哲学、艺术、科技、饮食、服饰、交通、建筑等各个方面介绍了从古至今数千年来中华文明发展和变迁的历史。这些历史不仅展现了中华五千年文化的辉煌，展现了先民的智慧与创造精神，而且展现了中国人民的不屈与抗争精神。我们衷心地希望这套普及历史知识的丛书对广大人民群众进一步了解中华民族的优秀文化传统，增强民族自尊心和自豪感发挥应有的作用，鼓舞广大人民群众特别是新一代的劳动者和建设者在建设中国特色社会主义的道路上不断阔步前进，为我们祖国美好的未来贡献更大的力量。

陈奎元

2011 年 4 月

作者小传

　　叶小燕，又名瓯燕，1933年12月生于浙江省温州市。1956年毕业于北京大学历史系考古专业，同年分配至中国科学院考古研究所（现属中国社会科学院），从事考古研究工作。任研究员。享受政府特殊津贴。早年曾参加陕县庙底沟、洛阳东周王城等重要遗址的发掘，主持宁夏青铜峡水库区的考古调查。主要论著有：《满城汉墓发掘报告》（合著，获1993年中国社会科学院优秀成果奖）、《陕县东周秦汉墓》及战国秦汉考古和长城研究论文等数十篇。1991年后受聘为国家文物局主编《中国文物地图集》大型丛书特约编辑和总编委。

目　录

引 言

长城长，

都说长城两边是故乡。

你知道长城有多长，

它一头挑起大漠边关的冷月，

它一头连着华夏儿女的心房。

……

一曲《长城长》响遍了中华大地，它抒发着人们对历史的追忆、对长城的萦怀、对祖国的热爱、对和平生活保卫者的赞颂。长城不单纯是历史古迹，它是中华民族的骄傲，是华夏儿女抗御强敌、爱好和平的象征。在抗日战争时期，一曲"……万里长城万里长，长城外面是故乡，四万万同胞心一样，新的长城万里长"的《长城谣》，激励了多少爱国志士奔赴抗日前线，为抗击侵略者、收复失地而英勇战斗！

长城的历史基本上是一部保卫和平、抗御强敌的历史。然而长城的内涵丰富，这犹不是长城史的全部。

中国自古以来就是一个多民族的国家。中华民族是在各古代民族不断迁徙、争战、融合中形成的。在特定的历史条件下，长城是我国境内民族间强烈对抗的结果。处于对立状态的民族，一方是游牧于北方的引弓控弦的马上民族，他们把战争和掠夺作为获取财富的手段，严重地侵犯和损害了定居于中原地区从事农业生产的民族，威胁中原王朝的统治。当这一对矛盾发展成强烈对抗的时候，抵御强敌的长城就筑得又高又长。

游牧于北方的引弓控弦之民，在战国两汉时期主要是匈奴，南北朝时有柔然、突厥，明代是蒙古鞑靼、瓦剌、女真。他们都是中国境内古代的少数民族，在历史的长河中，他们与中原人民不断地抗争、交往，逐渐融入伟大的中华民族大家庭中而不分彼此。

960 万平方公里的土地都是我们神圣的国土，在辽阔的国土上世代生活的都是龙的传人。国外某些人叫嚣"长城是中国的国界"，若不是他无知，便是别有用心了。

长城是古代一项伟大的建筑工程。自东周时列国筑长城开始，秦、汉、北魏、东魏、北齐、北周、隋、金、明各代都筑有长城，地域遍及山东、天津、北京、河北、河南、辽宁、吉林、内蒙古、山西、陕西、宁夏、甘肃、青海、新疆等省区市，总长 5 万余公里，其中秦始皇长城、汉长城、金界壕、明长城都超过5000 公里。仅就修筑明长城所耗土石计，如用来修一条宽 1 米、高 5 米的大墙，这座大墙可绕地球一周多；如用来铺一条宽 5 米、厚 0.35 米的马路，这条马路可绕地球三四圈，可见长城工程之浩大。1972年，美国总统尼克松游罢长城得出结论："只有一个伟大的民族，才能造得出这样一座伟大的长城。"1987年，联合国教科文组织世界遗产委员会批准将中国的长城列为世界文化遗产，并评价它是世界上最长的军事设施，在文化艺术上的价值，足以与其在历史和战略上的重要性相媲美。2001年历代长城亦被公布为全国重点文物保护单位。

长城在古代人民的生活中有重要的影响，在边防上起着举足轻重的作用，对历史的进程也产生过不凡的影响，因此，古代文献如廿四史、地理书籍和地方志中有许多关于长城的记述，政治家、诗人词客赞颂、抨击的褒贬之辞更是不绝于世。明末清初的顾炎武开长城研究之先河，在他所著的《日知录》、《京东考古录》中都有关于长城的考证。民国以来，关于长城的专著和论文渐渐问世，不过除极少数有实地考察的记录外，一般尚停留在文献的考证上。新中国成立后，尤其是20世纪80年代后，长城的田野考古工作全面展开，有不少重要的发现。邓小平"爱我长城，修我长城"的题词，促发社会各界更加关心长城，出现了不少徒步考察长城的壮举。这些年来，在长城的实地考察、修复开放、旅游和学术研究上所取得的成绩比以往年代的总和还要多。长城已走出了少数人研究的学术殿堂，成为大众的长城学。2006年9月20日在国务院常务会议上，审议并原则通过《长城保护条例（草案）》，会议还强调：长城是世界文化遗产，是中华民族的象征。加强长城的保护，对于弘扬以爱国主义为核心的民族精神，更好地发挥文化遗产在社会主义文明建设中的作用，具有重要意义，同时为长城的保护制定了具体规划制度。

本书根据长城的考古材料，结合历史文献，试图对伟大的长城作一较全面、系统的叙述，希冀能得长城精髓之一二，以飨读者。

一　东周列国长城

 长城出现的历史背景

春秋战国时期（公元前770～前221年）是中国历史上一个大变革的时期，奴隶制已走向衰败没落，封建制已孕育发展。在新与旧的较量中，封建制终于取代奴隶制，统一的中央集权国家也逐步形成。春秋战国经历了这一过程，社会动荡，战争连年。

周平王为犬戎所逼，从镐京（今西安西南12公里的沣河东岸）迁都洛邑（今河南洛阳），此后史称东周，又分春秋、战国两个时期。东周一代王室式微，"溥天之下，莫非王土，率土之滨，莫非王臣"，那种"王室独尊"的局面再也不复存在了。各诸侯国之间，强凌弱，众欺寡，展开了兼并的争斗。据鲁史《春秋》记载，春秋242年间，列国间的军事行动483次，平均一年两次。兼并小国最多的有晋、楚、齐、秦、吴、越诸国，其次为鲁、宋、郑、卫，再次是陈、蔡、曹。楚国先后吞并了45国，晋吞并了20余国，齐桓公吞并了35国。至春秋末年，原有的150余个诸侯国只剩下了周、晋、楚、齐、燕、秦、吴、越、鲁、宋、郑、卫、陈、蔡、邹、杞、莒、曹等 20 余国。不久，晋又被韩、赵、魏所瓜分。至战国时，中原大国仅存 7 国，史称"战国七雄"：韩、赵、魏、楚、燕、齐、秦。兼并战争异常残酷，正如《孟子·离娄上》所描绘的："争地以战，杀人盈野；争城以战，杀人盈城。"无怪乎孟子说"春秋无义战"。春秋战国的历史，可以说是一部残酷而剧烈的兼并战争史。在战火的洗礼中，历史亦完成了从奴隶制向封建制的伟大变革。

战国七雄中，秦、赵、燕三国的北部边境与广阔的草原相邻。这里是游牧民族生息繁衍的地方。他们有匈奴、林胡、楼烦、扶余、涉和沃沮等，统称诸胡，其中以匈奴最为强大。这些骑马引弓的民族，时常侵犯边境，掳掠人民和财产，对中原构成很大的威胁。秦、赵、燕在与诸侯国兼并逐鹿的同时，还要抵御诸胡的侵犯。

战争的频繁和激烈的程度促使武器、兵种起了变化。在兵器种类上，除西周已有的铜戈、戟、矛、镞、剑等外，战国时还出现了弩，使射程大大提高。西周晚期、春秋早期铁已用来制短剑，战国铁武器很是锋利。考古资料也反映出战国时期兵器出土之普遍，铁剑、铁甲胄等均有所见。

商及西周时，两军对阵以车战为主，兵车的多少显示了国力的强弱，同时也象征着国家地位的高低。周制，天子有兵车万乘（辆），诸侯有兵车千乘，因此称天子为"万乘"，天子之国为"万乘之国"。春秋战国时，兵车依然是各国军队的重要组成部分。如晋、楚等大国各有兵车四五千乘，中等诸侯国也有兵车千乘左右。每乘车配甲士10人（车上3人，车旁7人）、步兵15人。甲士是披挂铠甲的士兵，是军中主力。先秦的车辆，包括兵车，都是单辕两轮，用两匹或四匹马驾驭（天子用六匹马）。两马驾轭，称服马；两马居两侧挽车，称骖马。驭手虽然都训练有素，但行动总是不够灵活，不适应大规模、瞬息万变的战争需要，最终必然从战场上淘汰出去。尤其在春秋时对付戎狄、战国时对付诸胡的战争中，兵车毫无用武之地。

大约在春秋初年，步兵已悄然兴起，参与作战。其时，在今河北、山西、陕西、甘肃、河南诸省居住着山戎、鲜虞、赤狄、白狄、茅戎、大戎、小戎、犬戎、陆浑之戎、伊雒之戎等，统称为戎狄。它们与华夏民族犬牙相错，世代相处，不时发生摩擦、争斗和战争。戎狄居于山谷间，以步兵攻扰华夏地区，华夏族征伐戎狄，也不得不用步兵。例如郑庄公败北戎、晋荀吴破众狄，都用步兵制胜。而南方吴越地区丘陵起伏，水道纵横，又多溪谷篁竹，因此，吴越立国一直以步兵为主力。

骑兵的出现始于春秋末年。战国时孙膑兵法就很重视骑兵的作用，认为"用骑有十利"。各诸侯国除有兵车外，都配备了骑兵、步兵。如《史记》记载，苏秦连横各国分析形势时说：燕国有"带甲数十万，车六百乘，骑六千匹"；赵国有"带甲数十万，车千乘，骑万匹"；韩国有"带甲数十万"；魏国有"武士二十万，苍头（青巾襄头的士兵）二十万，奋击二十万，厮徒（养马杂役者用作士兵）十万，车六百乘，骑五千匹"；齐国有"带甲数十万"；楚国有"带甲百万，车千乘，骑万匹"。张仪说秦国有"虎贲之士（勇猛的士兵）百余万，车千乘，骑万匹"。赵武灵王（公元前325～前299年）为强国而变服骑射，更可说明骑兵在当时战争中的作用。

赵国是一个四面受敌的国家。赵武灵王在图谋变服骑射前夕分析形势时说："今中山（国）在我腹心，北有燕，东有胡，西有林胡、楼烦、秦、韩之边，而无强国之救，是亡社稷，奈何？"（《史记·赵世家》）而赵国历年来与秦、齐、魏频频发生战争，都处于劣势，丢失了不少城池。赵武灵王深知，如果不变革，不强兵，前途堪忧，于是下决心变服骑射，改良兵种。

所谓变服，就是把华夏族相袭相因的衣服大袍大带改为游牧民族所穿的紧身衣裤，也就是胡服，这样有利于组建骑兵部队。虽然他父亲赵肃侯时已有骑万匹，但他认为不仅需要提高骑兵的地位，而且在服饰上也要进行相应的改革。立意变革是要有勇气的，因为华夏族以"冠带之国"自傲，变服必遭世俗的讥讽和议论。赵武灵王认为，"胡服之功未可知也，虽驱世以笑我，胡地、中山吾必有之"。于是颁布胡服令，招募骑射。胡服骑射果然使赵国国力强盛，拓地北至燕，西至云中（今内蒙古托克托北）、九原（今内蒙古包头西），把现今的土默川和河套平原置于赵国的版图之内。

骑兵的兴起与长城的修筑有密切的关系。明末清初的顾炎武在所著《日知录·长城》中指出，长城的缘起是由于"战国井田制度废除，而车变为骑，于是寇抄易而防守难，不得已而有长城之筑"。骑兵可轻易跨越小涧，跃上山坡，来去倏忽，筑高墙抵挡入侵的骑兵，在古代冷兵器时代是能起作用的。长城就是把行之有效的城池御敌高墙建于边界之上，以保护国家的安全。而春秋战国时，筑城已有2000多年的历史，积累了丰富的经验，建造技术也达到相当高的水平。

根据考古资料，我国在新石器时代就已开始在聚落地外周营建夯土围墙，以防御野兽的侵入和部落间因战争而入犯之敌。这些有夯土围墙的聚落址应是城的雏形，可视作最早最原始的古城。目今考古已发现的有以下几处。

仰韶文化的西山遗址（位于河南郑州北郊古荥镇孙庄村西），年代约为公元前3300~前2800年。城址平面呈不规则形，东西宽180米，南部被枯河水冲毁。夯土城墙采用方块板筑法，即在经修整的生土基面上逐层逐块夯筑而成。

屈家岭文化的石家河城址（位于湖北天门石河镇石河街北）、走马岭遗址（位于湖北石首焦山河乡走马岭村东）、城头山遗址（位于湖南澧县车溪乡南岳村）、阴湘遗址（位于湖北荆州马山镇城阳村北）、马家垸遗址（位于湖北沙洋五里铺镇显灵村东）、鸡鸣城遗址（位于湖北公安狮子口镇龙船嘴村）、门板湾城址（位于湖北应城西南星光村门板湾东）等。屈家岭文化的年代约为公元前3100~前2500年。这些城址的规模也

一 东周列国长城

9

不大，周长在 1000 ~ 2000 米间，形状也不规则，有长方形、梯形、圆形和椭圆形，随地形和河道而定。但它们都有夯土的城垣，现存城垣残高 5 ~ 8 米，采用河卵石作夯具，还没有使用板筑，夯筑质量不高，在建筑技术上尚处于原始阶段。

龙山文化的王城岗遗址（位于河南登封告城镇西约 1 公里）、平粮台城址（位于河南淮阳城东南约 4 公里）、郝家台遗址（河南漯河源汇区）、城子崖遗址（位于山东章丘龙山镇龙山三村东北）、丁公遗址（位于山东邹平苑城镇丁公村东）、桐林遗址（位于山东临淄朱台镇桐林村）、景阳岗遗址（位于山东阳谷张秋镇景阳岗村）、丹土遗址（位于山东五莲潮河镇丹土村）等。龙山文化的年代约为公元前 2600 ~ 前 2000 年，这些城址的规模仍然不大，但比屈家岭文化城址要规整，平面一般呈方形。夯土城垣下往往挖有基槽，使之稳固。城垣除用卵石夯外，有的采用了局部小板筑夯打，即墙的两侧用小板固定，其中纳土夯打，夯实后拆板往上再夯，在建筑技术上比前有所进步。

以上列举的新石器时代城址均先后被国务院公布为全国重点文物保护单位。

商至东周时筑城技术大大提高。东周的都城规模都比较大，面积均在 1000 万平方米以上。由于战争环境和防御的需要，东周的都城均筑有城和郭。一般内为城，即城中之城，是国君和大臣活动的场所；外称郭，由百姓居住和生活。《吴越春秋》说得很清楚："筑城以卫君，造郭以守民。"现存的都城城垣基宽可达 40 米，高 10 ~ 18 米。由大板夯筑而成，夯筑质量很高。当时对诸侯国都城的规模大小都有严格的规定，《周礼·考工记·匠人营国》对此还专门加以记述。但由于礼崩乐坏，制度已遭摒弃，各诸侯国都城都明显突破了等级的限制。

诸侯国之间的残酷兼并和诸胡的寇边，是长城产生的历史背景。2000 余年筑城的经验，为长城的修筑提供了技术条件。

各诸侯国在自己易受侵犯的边境筑起了道道长城。根据文献和考古资料，这些诸侯国有：齐、楚、魏、秦、赵、中山、燕。齐、楚、魏、中山和赵南界、燕南界长城，是为抵御诸侯国之间的侵犯、兼并而建的；而秦、赵北界、燕北界长城是抗击匈奴诸胡的防御线。大约前者建于公元前 5 世纪末至公元前 4 世纪之间，齐、楚长城应是最早修筑的长城；北边抗击匈奴诸胡的长城建于公元前 3 世纪初，而且要比内地长城长得多，防御措施也严密得多。

对于中央集权统一的国家来说，原诸侯国间的内地长城不利于全国交通的畅达和经济的发展，然可以成为诸侯国割据局面死灰复燃的一个屏障。因此，秦始皇在统一全国后不久，便下令"隳坏城郭"、"夷去险阻"。当时所要毁坏的城郭，有关东诸侯国都城，也有内地长城。秦始皇对北边长城不仅不毁坏，还加以修缮并将其连接起来。内地长城都位于人烟稠密地区，历经 2000 多年的沧海桑田，破坏在所难免，而秦始皇隳坏城郭的措施也是它们保存不好的一个原因。

齐长城

　　齐国位于今山东省北部，南有泰山，与楚、鲁、宋为界；北有渤海，隔海与燕相望；西有清河，与赵为邻；东濒大海。国都在临淄。临淄故城位于今山东淄博市临淄区齐都镇，1961 年被公布为全国重点文物保护单位。

　　西周初年，因姜太公望助周武王讨商王纣有功，被封于齐。齐国土地肥沃，又有鱼盐之利，在两周都是大国。据《史记》载国都临淄是一座殷富的都会，大街上车辆拥挤，车轴头互相碰撞，行人擦肩而过。齐桓公时（公元前 685～前 643 年）任用贤相管仲，国力强盛，在兼并中成了春秋各诸侯国的霸主。至公元前 386 年，齐国发生宫廷政变，世卿田和代姜姓为齐君，称为田氏之齐（在此前称姜氏之齐）。在关东 6 国中，齐最后为秦所灭，时在公元前 221 年。

　　齐国东、北两面临海，西有清河和河水（改道前的古黄河）天险，唯独南境，虽有泰山、沂山，然不足为凭借，在兼并战争环境下，为保卫国土和国都临淄，因此在它的南境修筑了长城。经近年实地勘察，这道长城位于今山东省中部，东西横亘。它西起于济南市长清县孝里镇广里村北原的岭头，东经 116 度 34.5 分，北纬 36 度 21.6 分，也就是古济水（后黄河改道夺济水）东岸的钜防之地。钜防也称防门，是济水的一处水利工程，齐国西南边防的要冲。长城东走出岭头，一度转向东北，拐了一个弯，走向东南，行走于长清与肥城市的交界线上。在这里，长城蜿蜒于长山岭、梯子山、五道岭之巅。五道岭峰回峦转，流水潺潺。古人有诗咏五道岭长城：

连峰五道开，绵亘绕重关。
曲径随流水，长城锁乱山。

长城复向东北，行走于长清与泰安郊区、泰山区的交界线，至牛山口出长清县而延伸入泰山区、泰安郊区与历城区的交界地，翻越于泰山北峰，抵大高尖山后东折，至历城、泰安、章丘市交界的四界首。自四界首长城出历城境。长城越长城岭，沿泰安郊区与章丘界东南行至蒿滩东山。长城出泰安郊区。

长城复东北，行进于章丘市、莱芜市交界线上，经天门关、北门关、锦阳关、九顶山，折向东南，过北寨山、黄石关，抵章丘、莱芜与博山区交界的霹雳尖山。霹雳尖山，当地称长春岭。长春岭应该是长城岭之讹传，因为长城所经山岭往往被称作长城岭。长城历章丘霹雳尖山后出章丘界，复沿莱芜、博山界续行，越摩云山、双堆山，出莱芜界。

长城在莱芜北界上自西往东坐落有五座关城，即天门关、北门关、锦阳关、黄石关和青石关，除青石关地属莱芜外，余均在章丘与莱芜的交界线上。五关中以青石关保存为好。青石关位于莱芜和庄乡青石关村，北邻博山，关处两峰对峙，中有一线天的谷口之

13

南的制高点，地势险要。清代咸丰年间为抗捻军也曾在此设重兵把守，原遗有曾国藩的"曾王所栖处"碑一通。现存关北门由青石和石灰岩石砌筑的券门犹高4米，宽2.56米，进深8.7米，门上嵌有清代人阴刻楷书"青石关"门额。关侧有咸丰十一年（1861年）重修碑一通。

长城自夹山进入博山境内。长城东走穿北大岭、太平山、峨岭、秋谷、荆山、长城岭、博山城区，抵围屏山。长城进入博山与淄川区交界地，越岳阳诸山入淄川境，逾淄水，至樵峪南山再次行进于博山与淄川交界地，抵博山、淄川与沂源县交界处的太平山上。长城走出淄川，沿博山、沂源交界线西南行，经云蒙山至大峪顶出博山区。

长城自沂源大峪顶，东走行至沂源、临朐县交界的龙王崮入长城岭，沿两县界延伸，至驴皮崮出沂源入临朐。长城东南走穿双雀山（大崮）、逾弥河，抵临朐与沂水县交界的泰薄顶，东行于临朐与沂水的交界线上，抵脖根腿山顶长城分为南北两线。

北线走向东北入临朐境内马鞍山，沿山脊行至草山亭转向东，渡汶河，越太平山出临朐境。再沿安丘市与沂水交界线前行，出沂水界入安丘境。长城在安丘转向东北，经柘山、悬崮诸山，折向南，越城顶山、摘药山，逾浯河，出安丘进入沂水境。继续南行经双山，至沂水、莒县交界的光光山，沿两县界南行，达三楞山上。

南线从脖根腿南山沿临朐、沂水界东南行，经围屏山、大岘山，抵穆陵关。长城在大岘山上沿沟壑伏，沿崖阜起，延绵不绝，犹如横带。穆陵关位于大岘山主峰南侧，依山建立，四向险要。《史记·齐太公世家》："周成王乃使召康公命太公曰：'东至海，西至河，南至穆陵，北至无棣，五侯九伯，实得征之。'""南至穆陵"的穆陵即在此。它是长城上的重要关隘，也是齐国南境的重要门户，过此北走即可直达齐都临淄，历代亦在这里设关，足见穆陵关的形势险要与在军事防御上的地位。穆陵关巍峨雄伟，苏轼曾赞云："西望穆陵，隐然如城郭。"前此犹可见二层三券门砖石结构城楼建筑，惜近年渐毁，今仅存遗址和明嘉靖、清道光年间重修关楼的石碑各一通。

长城过穆陵关，奔邵家峪出临朐界而入沂水境。长城继续前行，直达沂水与莒县交界的杨廷山、三楞山上。长城至三楞山与北线汇合。南、北两线长城相距最宽处约 20 余公里。

长城继续东南行，离沂水走向莒县的长城岭，达后峪河入五莲县。长城前行又转向东北，经长城岭、马耳山，行于五莲与诸城市界上，直至三界石出五莲境。长城穿越马山、长城岭诸山峰后抵史家夼出诸城而入胶南市。

长城入胶南后续向东北，越诸山，逾风河，至扎营山进入胶南与黄岛区的交界线，往东行过小珠山、鸦鸽山，出胶南抵青岛市黄岛区，在徐山之北的东于家河庄东北入海。入海地东经 120 度 11 分，北纬 35 度 59.5 分。

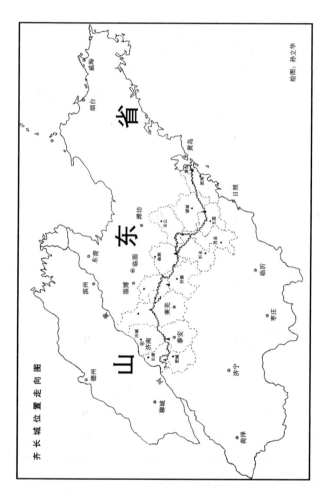

齐长城位置走向图

图 1 战国齐长城位置示意图

绘图：孙立华

　　齐长城历经长清县、肥城市、泰安郊区、泰山区、历城区、章丘市、莱芜市、博山区、淄川区、沂源县、临朐县、沂水县、安丘市、莒县、五莲县、诸城市、胶南市、黄岛区，共十八市、县、区，全长约 618.9 公里。长城飞越于泰山、鲁山、沂山等山之巅的千余座大小峻岭和丘峦上，逶迤起伏，气势磅礴（见图 1）。长城所经山岭，如大横岭、梯子山、劈林尖山、峨岭、大岘山、太平山、高柘山等都径称或俗称长城岭，所经村庄亦往往以长城铺或长城村名之。

　　长城经历了两千余年的风雨侵蚀和人为破坏，墙体有的已倾圮甚至湮没无存，但所幸齐长城多修筑在崇山峻岭之中，人迹罕至，故此能较好地保存，所存遗迹约能占长城全线的一半强。墙体或以黄土、砂土夯筑，或以大块天然石、片石垒砌，或土石混筑，因地制宜，就地取材，也有以山险代墙的。平原、矮丘地带多以土夯筑，高山峻岭之中则以石为材料。用土夯筑的长城墙体存高约 1.5～5 米，基宽 4～15 米，顶宽 3～6 米。石筑城墙存高 1～5 米，基宽 1.2～20 米，顶宽 1.2～10.2 米（见图 2）。山险墙出现于峰叠峦转的峻岭地段，可以居高凭天险，如泰山北岗。在长城沿线还发现多处烽燧和障城遗址。

　　由于齐长城所处地势险要，历史上为兵家防守之地，因此在齐长城的一些地段曾经后世重修，甚至在长城之上增修了垛堞、券门、马道等设施乃至关隘。

图 2 齐长城石筑城墙遗址

发现多通明嘉靖，清道光、咸丰诸年代的重修石碑碣即是证明，尤其是清咸丰年间的大举维修增建，应是为了抵御捻军而作的防御工事。

齐长城的行经路线在过去的地理志书上较同时期其他诸侯国的长城有较多的记述，而且已大致勾画出它的走向、位置，与目前的初步调查结果基本吻合，唯独记述长城的东端在何地入海却大有分歧。从北魏郦道元《水经注》到历代地志所记大致有小珠山、大珠山、琅邪台、琅邪诸说。小珠山、大珠山、琅邪台三地从北往南依次傍海而立，小珠山南距大珠山30里，距琅邪台90里，大珠山去琅邪台60里，显然所指不是一地。一些有影响的地理书籍如《括地志》、《泰山郡记》皆云在琅邪台入海。《水经注》谓"东连琅邪巨海"。杜佑《通典》、《太平寰宇记》、《齐乘》和《读史方舆纪要》、《山东通志》、《泰山道里志》都认为在大珠山入海。而道光《胶州志》则记载长城"又东历小珠山阴、鹁鸽山，至徐山之北于家河庄东入海三十里。"并批评"诸书皆臆说也"。近人也多以为《胶州志》书出本地人之手，应是亲历目睹，较为可信。但究竟不是出于科学考察报告，未获一致的认可，学者仍然是莫衷一是，一直被视为悬案。近年来的初步长城考察，使这个问题能得以冰释。

从近年的考察结果来审视地理书籍所载齐长城东端入海处大多失实，然而《水经注·汶水》云"汶水出朱虚县泰山。山上有长城，西接岱山，东连琅邪巨海，千有余里"的琅邪，是否指琅邪台尚有待研究。清《泰山道里志》称"《太山郡志》及《水经注》、《括地志》皆谓至琅邪台入海"，对《水经注》的原意恐失之臆断。据史籍记载，今山东半岛东南部沿海地区自秦汉以来多属琅邪郡或琅邪国的范围之内，如胶南市本秦琅邪郡郡治所在地之琅邪，诸城市本西汉琅邪郡郡治所在地之东武，临沂市本东汉琅邪国之国都开阳、北魏琅邪郡郡治所在地之即丘县，今莒县、五莲、沂水、黄岛亦都在其范围内。北魏郦道元《水经注》所谓齐长城"东连琅邪巨海"，也可理解为齐长城在琅邪郡地与大海相接连。其后的一些志书可能由于琅邪台是一著名之地，由此产生了误解，认为是指齐长城从琅邪台入海，以讹传讹以致形成了一种错误说法。

琅邪台的确在历史上名声显赫。春秋末年，卧薪尝胆的越王勾践灭吴后，曾把国都迁到琅邪，并筑起高台以观大海，还发号施令，叫秦、晋、齐、楚诸大国来尊辅周天子，一时号称霸主。战国田齐威王也在这里起琅邪台，倚山背水，其高九仞。齐宣王非常喜欢琅邪台，流连三月而不知返。秦始皇统一全国后的第三年，为宣扬皇威，浩浩荡荡东巡，登泰山，封禅刻石，颂秦功德，乘兴又来到琅邪，在海畔山上建了琅邪台，兴高采烈，3 个月流连忘返，还令迁徙 3 万户人家居住台下，12 年不征劳役。在琅邪山上，秦始皇刻石歌颂自己统一天下的功劳，得意之情露于辞表。

目前，学术界一般认为齐长城是东周长城中较早修建的长城之一，但它究竟始建于何时还是一个谜。

《管子·轻重篇》说："管子曰：长城之阳（南），鲁也；长城之阴（北），齐也。"管子就是管仲，他是齐桓公的贤相。按该书记载，齐在桓公时就有长城了。然而，《管子》一书虽托名管子，但不是出自一人之笔，也不是一时之书，尤其是《轻重篇》，后人所加的可能性很大。书中记载是否真实，有待甄别。桓公时齐国最强，并且是列强的霸主，桓公在位 43 年，征伐鲁、山戎、北狄、蔡、楚、宋、陈等国，诸侯不敢与他分庭抗礼。这时筑长城防御鲁国等弱国，似乎没有可能。但这既是史料记载，在考察齐长城时也不能不予考虑。

1928 年，在洛阳市东 10 公里的金村，因雨后古墓坍陷，有8座战国大墓被盗掘，大批精美文物流散国外，其中有膚（音 biāo）氏钟14件，钟上都有铭文。其中5件膚羌钟各有铭文61字。文中提及三晋入侵齐国，"入竛城"的事。中外学者对铭文考释颇多，一致认为"入竛城"是指齐的长城。但对铸钟的年代考订不一，有认为是周灵王二十二年（公元前550年）入齐长城，即指鲁襄公十八年（公元前555年）的齐晋战役；也有考定是在周威烈王二十二年（公元前404年）或周安王二十二年（公元前380年）。周威烈王二十二年的说法，为多数学者所支持，因为据《竹书纪年》记载，在晋烈公十二年（公元前408年），周王命韩景子、赵烈子、翟员伐齐，入长城。史实与铭文比较符合。但不论哪一家考订，齐长城的存在都应该在入侵事件发生之前，也就是说，在姜齐之时，齐已经建有长城了。

　　北魏郦道元《水经注》引《竹书纪年》说："梁惠成王二十年（齐威王二十八年，公元前351年），齐筑防以为长城。"唐张守节《史记·楚世家》正义引《齐记》说："齐宣王（公元前342～前324年）乘山岭之上筑长城，东至海，西至济州，千余里，以备楚。"《水经注·汶水》又说："汶水出朱虚县（今山东临朐东）泰山（即今沂山、大岘山），山上有长城，西接岱山（即泰山），东连琅邪巨海，千有余里，盖田氏之所造也。"上述记载所记筑长城的年代虽不一致，但都明确指明，齐长城是田齐所造。

　　在如许扑朔迷离的历史记述中要理出一个头绪，

给以合理的解释，虽是困难的，但也是必要的。目前的看法是，齐长城不是齐国某一个公或王完成的工程，它从春秋时（即姜齐时）就开始修筑西段（属羌钟铭有"入竑城，先会于平阴"之句），战国田齐威王、宣王接着往东修建直至海滨，致有现在所见的齐长城。春秋时为防御鲁、楚、晋、卫、郑、周等邻国的侵扰，战国时因越、楚国压境，是为抗越、楚而建的。

8 楚长城

楚国疆域，掩有今湖北省全部和湖南省北部。面积最大时，北至河南省南部和山东省南部，与韩、魏、宋、齐为邻，西至四川省东境，与巴、秦相接，南有苍梧（今湖南南部九疑山）、五岭与百粤杂处，东至海滨，称"地方五千余里"，是疆域最大的国家。国都在郢，即纪南城（今湖北江陵北5公里处）。纪南故城于1961年被公布为全国重点文物保护单位。

楚是三苗族在长江中游建立起的一个国家，自称蛮夷。楚先人曾从周武王伐纣，至熊绎时受周成王封爵，居丹阳（今湖北秭归），后不断扩大领域，立国号为楚。春秋初年自号为王，跻身于诸侯国之列。文王元年（公元前689年）迁都于郢。庄王时（公元前613～前591年）遂霸诸侯，为春秋五霸之一。庄王曾兵至洛阳郊外，问周王来使作为国家象征的九鼎的大小轻重，以示自己取天下的决心（三代以九鼎为传国之宝，问鼎，有取而代之的意图，后来称图谋王位为问鼎）。楚以武力征伐四方，在江淮间的诸侯国，楚尽予兼并，与周围各国的关系都很紧张。战国晚期，与秦的战争屡起，公元前223年为秦所灭。

楚长城坐落于楚北境，在今河南省南部。在古文献中最早明确提到楚长城的是《汉书·地理志》，南阳郡叶县下班固自注云："楚叶公邑。有长城，号曰方城。"在此之前文献所见楚仅有方城之称谓。北魏《水经注》对此长城有详细的叙述。《水经注·沅水》："盛弘之云：叶东界有故城，始犨县东，至瀙水，达泚阳界，南北联联数百里，号为方城，一谓之长城云。郦县有故城一面，未详里数，号为长城，即此城之西隅，其间相去六百里。北面虽无基筑，皆连山相接，而汉水流其南。"根据文献考证，楚长城大抵西南起自今邓州市，沿湍河北上，经内乡县、西峡县，从郦县故城北达翼望山，折向东行，沿伏牛山脉，经嵩县、南召县，至鲁山县东南境，自此转向东南行，入叶县，再折向南，经方城县、泌阳县，抵唐河县境，全长约300公里。长城所经内乡、郦县故城（位于今西峡县内）西北，有地名长城铺，长城铺北有长城河，东流入湍河，南有长城驿遗址。内乡县东有地名方城，叶县西南与方城县接壤处有方城、方城山、长城山，方城县即以方城名。长城城垣以土筑为主，"无土之处，累石为固"，也有"虽无基筑，皆连山相接"，以山险为墙。

　　由于楚长城位于中原地区，遗迹毁坏过甚。经近年考古调查，仅发现两处遗址。其一为大关口长城遗址，位于方城县东北独树镇黄家门村、方城山西麓大关口两侧。大关口东侧筑有南北两道土城垣（即长城城垣），现存高 1.5～3 米，底宽 10 米，顶宽 1.5 米。北垣由夯土筑成，残长 810 米，从关口向东北延伸，直至岭头山。南垣北侧有土台 7 个，城垣由红黏土夹卵石筑成，全长 1400 余米。两城垣相距 250～380 米。西侧也有两道土城垣，残长 400 米，城垣均夯筑，夯层不明显。城垣旁边发现有战国兵器铜戈和铜镞（箭头）。大关口当为长城之一关隘，它位于伏牛山东麓，坐落在山腰，西依对门山，东傍北岭头，为群山汇集之地，形势十分险要。其二为象河关长城遗址，位于泌阳县城北象河乡北一线，东至五凤岭，西到关山，全长约 6 公里。城墙由夯土筑成，墙基现宽 12 米，残高 2～3 米。长城旁有烽燧遗迹，据推测也是一处关隘遗址。

　　由于楚长城又称方城，据历史记载，湖北省竹山县有古庸国的方城。因此，有些学者认为楚长城可延至竹山县。庸是古代小国，在武王伐商时，曾从武王征讨纣王。庸国地居汉水之南，楚国之西，原为楚属国。楚庄王三年（公元前 611 年）庸国率领周围群蛮叛楚，楚遣师征伐，军队侵入了庸和庸方城，后又被庸国夺回，楚军七战七败。但庸国人却因胜而骄，不再戒备楚军，秦国人、巴国人也率兵助楚，而庸的同盟军群蛮反被楚人争取过去，结果庸军大败，庸国被

24

楚所灭，庸国的领土也纳入了楚国的版图。庸国不仅有方城，还有方城亭，位置在今竹山县东南。据唐《括地志》记载，其地有山，山顶部平坦，四面却很险峻，山南有城，长 10 余里，名叫方城，山也称方城山。无疑，方城山上的方城是庸国的防御城垣，但是否属于长城，而且是楚长城的往西延伸段，因《括地志》记载不明确，暂不敢下断语。而且，竹山县与楚方城相距甚远，在这中间筑长城的线索，都未见文献记载或考古考察。

但也有学者甚至以为这道长城从竹山县沿汉水南岸蜿蜒而北进入陕西省旬阳县。这一段"长城"，在《中国文物地图集·陕西分册》中有收录，该书称之为石墙遗址。遗址位于陕西省白河县、旬阳县与湖北省竹山县交界处的山梁上，基本呈东西走向，在陕西省两县境内共长约 110 公里。墙体系采用毛石或块石、条石砌成，或以块石和三合土混筑。石墙残高 0.5～5 米，基宽 1～5 米。在沿线还有门、箭楼、墙垛、箭孔、马道等建筑遗存，门洞上尚建有楼。从石墙遗址的附属建筑形式和保存状况观察，其时代绝不能早到东周之时。《陕西分册》的作者断定年代为明至清，同时根据这一带当年的历史背景，认为石墙应该是清嘉庆年间清政府采取坚壁清野的政策来对付白莲教起义军而建的。该石墙遗址离汉水之南甚远，在汉水南岸也未发现任何长城遗迹。

历史上，以方城称长城的也只有楚国，这与楚长城的位置、缘起有关。楚国有方城多处，似乎多居要冲之地，与防御有关系。除上举叶县西南与方城县接壤处的方城，内乡县东方城、竹山县庸国方城外，湖北江陵县也有方城（据《水经注·沔水》）。其中以叶县西南的方城最为著名。秦《吕氏春秋》和西汉刘安《淮南子》诸书都提到：山有九塞，方城居其一。古文献中也常有"方城"之名，注家往往称它为"楚北之危塞也"或"楚北山"。《后汉书·郡国志》径称："叶有长山，曰方城。"但文献中也有指"方城"为长城或城的，如《汉书·地理志》载南阳郡辖下有"叶，楚叶公邑。有长城号曰方城。"《水经注·汝水》："楚盛周衰，控霸南土，欲争强中国，多筑列城于北方，以逼华夏，故号此城为万城，或作方城。"我们似乎可以这样理解：在楚国的北境叶县一带有一座险要的山名长山，其上筑了一系列的城，称列城或方城，而后来又发展为长城。

虽然在汉代或以后的文献中明确记载楚长城号曰方城，如《汉书》、《水经注》、《括地志》等，但先秦文献记录"方城"却往往语焉不详，很难确认它所述就是长城。因此，学术界对楚长城的曾存在与否持有不同的意见，然而从当时的形势与文献分析，多数学者对楚长城还是认可的。先秦文献提到方城虽然没有直指长城，但已明确反映出方城在楚国北疆的重要防御地位是毋容置疑的。在楚国北部伏牛山、大别山东西横亘，山高岭峻，是一道天然屏障，南面是楚国的腹地，郢都纪南城就在这里。楚国在东周时是一等强国，雄心勃勃，兼并弱国45国，兼并之多居七雄之冠，楚庄王曾霸诸侯，并问鼎中原。因此楚国在这里设防御线开始时不仅仅是为了保卫疆土，正如《水经注》所说："楚盛周衰，控霸南土，欲争强中国，多筑列城于北方，以逼华夏。"楚国据此天险进可以攻，退可以守。但随着战争形势的变化和发展，楚国日趋衰弱，这一道防御线的防御作用也逐渐加强而发展成了长城。

由于古文献对楚长城的记载欠明晰，因此对楚长城的建置年代也产生了不同的看法。"方城"一名在史书上出现很早。《左传》记载，鲁僖公四年（公元前656 年），齐桓公挟天子以令诸侯，率诸侯军伐蔡。蔡是位于今河南省上蔡、汝南、新蔡及安徽省寿县一带的一个不大不小的诸侯国，1955 年曾在寿县发掘出春秋晚期蔡昭侯墓。蔡国怎能是齐等诸侯国的对手？齐伐罢蔡国，又乘胜大举伐楚。楚使屈完对齐桓公说：楚国"方城以为城，汉水以为池"，固若金汤，你人众也没有用，能打进去吗？桓公忖思再三，与楚立盟而返。鲁襄公十六年（公元前 557 年），晋国遣荀偃、栾黡率师伐楚，楚败，"晋师遂侵方城之外"。诸如此类记载，还能举出一些。这些"方城"是不是楚长城？一些学者是予以肯定的，因此，认为楚在春秋中叶已有长城了。但也有学者持否定态度，认为当时正值楚国争盟中原，问鼎周室之时，不会筑长城以自限。上举所涉"方城"仍是指山或危害。大约战国中晚期楚怀王、顷襄王之际，楚国国势日弱，并不断受到秦、齐、韩、魏，尤其是秦的侵略，才有必要筑长城自卫。这道长城筑于叶县一带，而叶和长城内的宛（今河南南阳）在顷襄王七年（公元前 292 年）已沦陷于秦，建城之年必在其前。两者看法大相径庭，相差有 300 来年。目前多数学者采取持中观点，认为楚长城可能是从列城（方城）发展而成，即是在楚盛周衰之时，楚国称霸南方，并步步进逼中原，在它的北境险要之地多筑方城，成为列城。后来把这些列城连成了长城。考古发现的方城县大关口长城遗址有南、北两道城垣，它可能是一处关城遗址，但也不能排除是一座方城的残垣。楚国建列城是作为争强中原的前沿阵地，时间不会迟至战国晚期，所以楚也是建长城较早的国家之一。

 4 魏长城

魏国疆域拥有今河南省北部、山西省南部和陕西省东部。西与秦接壤，北与赵犬牙相错，东部与齐相邻，南有韩、楚。国都原在安邑（今山西夏县），惠王时因安邑近秦，受秦的威胁，迁都大梁（今河南开封）。

魏之先人毕万事晋献公有功，于公元前 661 年受封于魏，后来就以魏为国号。魏文侯二十二年（公元前 403 年），魏、赵、韩列为诸侯，有的史家以这一年作为战国时代的开始。魏武侯十一年（公元前 376 年），魏与赵、韩三家分晋，晋亡。历史上有名的西门豹治邺（今河北临漳西南）和信陵君救赵的故事就分别发生在魏文侯时和魏安釐王二十年（公元前 257

年）。魏处中原腹地，四面受敌，战争连年。在文侯、武侯之世，犹能东征西讨，扩大疆土。至惠王时，国势渐衰，正如惠王对孟轲所说："及寡人之身，东败于齐，……西丧地于秦七百里，南辱于楚，寡人耻之。"尤其是西边的强秦不断地攻打魏国，拔取城池，又损兵折将，掳走太子。魏国所筑长城主要是在惠王之后，而且主要是为了抗秦。但终在公元前225年为秦所灭。

魏筑有两道长城。一道在大梁之西，因在河水（古黄河）之南，故称河南长城，又因经过卷地（今河南原阳原武镇），也称卷长城。一道在西境，因在黄河之西，故称河西长城或河右长城。

据文献记载，河南长城起自河水之滨的卷，东行经阳武（今河南原阳），折向西南入管（今河南郑州）而至密（今河南密县），全长约200公里。

长城所经地区遗迹大都无存，仅在郑州、密县发现两处遗址。郑州青龙山长城遗址位于市区东圃田乡李南岗村东岗，现为连绵的夯筑岗丘，呈西北—东南走向，长约3公里。《水经注》记载，圃田泽，"泽在中牟县西，西限长城"。圃田乡一带的地望与《水经注》所说圃田泽很是符合。密县长城遗址位于县城西北尖山乡、米村乡的小顶山、香炉山、蜡烛山、五岭上，南北走向。现存5.8公里，墙基宽2.5米、高2.5米，由青石砌筑而成。这段城墙北端伸向荥阳县崔庙乡王宗店村南山上，也存有数段石块砌筑的城垣。

据《竹书纪年》记载，河南长城是梁惠成王（即魏惠王）十五年（公元前356年）郑国所筑。郑国在公元前 375 年已被韩国吞并，因此所谓郑国所筑，亦即韩国所筑。此观点被古今一些学者所赞同。也有学者认为，长城北边一段属魏，而南端属韩。《水经注》作者即持这个说法。但多数论及战国地理的文献，都认为这道长城为魏国所筑，今人普遍从其说。其理由是长城所在坐落于魏韩犬牙交错的边界线上，但从长城走向看，应当是为了捍卫魏都大梁而设。它虽然有隔绝韩国、防楚侵犯的意义，但主要目的可能还是为了防秦。因为秦国侵魏常从大梁西北渡黄河取道卷来攻大梁，所以不得不筑长城防御。

河西长城在《竹书纪年》、《史记》中都有记载。《史记·秦本纪》载，秦孝公元年（公元前 361 年），"魏筑长城，自郑（今陕西华县）滨洛以北，有上郡"。《史记》正义说："魏西界与秦相接，南自华州郑县，西北过渭水，滨洛水东岸，向北有上郡鄜州之地，皆筑长城以界秦境。"所述很是明确。

经实地考察和局部考古试掘，证实文献记载基本可信。有报导说，河西长城起于陕西省华阴县西南、华山南麓朝元洞，濒长涧河西岸往北渡渭水，过大荔，循洛河东岸北上，经蒲城、白水，折东历澄城、合阳、韩城，直抵黄河西岸的陡壁处，长约 200 公里。大荔、蒲城等县长城所经的村庄，有的取名为长城村。城垣由黄土夯筑，现存一般宽 3～5 米，最宽达 21.6 米；高 5～6 米，最高达 20 米。长城南端华阴、大荔境内城垣断断续续，最长段 2100 米，最宽处 21.6 米，最高达 18 米。在华阴洪家崖和西关堡的试掘，发现长城建于距地表深约 5 米的生土上，而且曾经进行过多次的修缮，出土有战国时期的板瓦、筒瓦等。长城沿线发现有夯土烽火台和陶器、铜兵器、工具、车马器等。例如华阴县的一座烽火台平面呈方形，现边长 37 米，高 14 米；在韩城河池村西长城南侧采集了铜矛、戈、戟、镞、车器、铁铠甲片、斧、凿、石锤等战国遗物。

这一段长城由于是实地考察的结果，所以获得了文物考古界的认可，1996 年被定为全国重点文物保护单位。不过，该长城经澄城后东折至韩城抵黄河岸，与《史记》所载不符。《史记》载："滨洛以北，有上郡。"《史记》正义也说："向北有上郡鄜州之地。"上郡为魏文侯（公元前 424～前 387 年）所置，其地在黄河以西、洛水以东和以北地区，约今陕西省东北部。《史记》正义为唐代人所写，唐代鄜州即今陕西富县，亦即战国时雕阴之西南。雕阴确曾一度是魏的城池。《史记·魏世家》说，襄王"五年（公元前 330 年），秦败我龙贾军四万五千于雕阴"，而龙贾也正是率师筑河西长城的大将。魏筑河西长城是为了抵御强秦的进犯，决不会把上郡的大片国土摒弃于自筑的长城之外。《中国历史地图集》所绘的魏河西长城，即是取经澄城后仍沿洛河趋向西北，直达雕阴（今陕西富县北）的路线。近年，考古工作者在陕西省富县洛河两岸考察了一处长城。其西北端起自钳二乡王乐村东北、张家原以西的城墙峁，延向东南，越洛河至故州峁，上山后折向南，沿洛河东岸至城东镇的野狐子沟。它的两端都当继续向前延伸。现全长约 30 公里，墙体夯筑，存高1～3.5米，基宽3～4米，堑山墙高5～8米。考察者囿于旧说，推断它是秦所筑的上郡塞长城，年代在秦惠文王更元元年（公元前324年）之后。"上郡塞"是不是长城姑且不论，而依当时政治、军事形势分析，秦已拥有河西大片土地，并不断攻取河东和今之豫西，秦绝无必要在已取得的上郡西边（今之富县一带）筑一条长城以自限。因此，富县长城应该是魏河西长城北上的部分，魏长城过澄城后往东走向韩城的一段，当是随着魏在河西地区军事的失利，步步为营，为保卫城墙内的领土而筑的。

《史记·魏世家》载，惠王十九年"筑长城，塞固阳"。《史记》正义以为固阳在今内蒙古自治区包头附近，而且影响很大，许多学者都从其说。但这固阳地战国时不在魏上郡境内，而且当时陕西北部、内蒙古西南部也非魏国所有，魏国在别国领土上筑长城，绝无可能，也无必要。"塞固阳"之固阳，可能是后世传抄错误，它应当在魏上郡境内寻觅。近人张筱衡、史念海先生考证，固阳为合阳之误，可备一说。

魏河西长城修筑的年代，据《史记·秦本纪》载是秦孝公元年（公元前361年），《竹书纪年》载是梁惠成王十二年（公元前359年），《史记·魏世家》载是魏惠王十九年（公元前352年）。记载的年代虽有不同，但均指明是修筑于魏惠王时。

惠王时，魏国力日衰，而秦却蒸蒸日上，并步步东进，咄咄逼人。魏与秦之间的战争几乎都以魏败而告终，其中惠王七年，与秦战于少梁（今陕西韩城南），秦掳走了魏太子。十七年，少梁又沦落秦手，秦成了魏的最大威胁。魏只得避其锋把都城安邑迁往大梁，同时在西境筑了这道长城。这道长城虽然不长，质量却是不错的，至今保存的某些地段，高达20米，宽达21米。可是这道长城也没有能挡住秦的攻取。在惠王时，已经是"西丧地于秦七百里"。魏襄王五年，秦在雕阴大败魏将龙贾军45000人，并向东挺进至陕县一带，结果魏割河西地求和。第三年（公元前328年），魏又被迫把全部上郡地拱手献秦。拒秦的河西长城只使用了二三十年，便完全失去了原来的作用。

以上两道魏长城为众所周知，但也有一道魏长城未为人知，或知之者甚少。唐《元和郡县志》陕州硖石县条载："魏长城在县北二十二里。魏惠王十九年所筑，东南起崤山，西北至河三十七里。"崤山在豫西洛宁县北，东接渑池，西及陕县，峻阜绝涧，山路险狭，骑马不能并行。著名的秦函谷关就坐落在崤山西的峡谷中。河即今黄河。关于这一道长城的记述，很少引起学者的注意。由于缺乏佐证资料，甚至人们对它的存在也表示怀疑。1956年，黄河水库考古队在陕县的东原刘家渠村发掘了一批唐墓，出土的两方墓志提及了长城。其一，张琰墓志曰：张琰与他夫人陆氏，"以开元十五年十月十六日合葬于信义乡长城北原"。其二，尚君墓志曰："开元二十四年十一月二十七日葬于长城北原"。唐开元以前，陕县的长城以各代的政治形势和领域度之，似当属于战国魏。而且陕县正是魏与韩争夺的地区，并曾与秦交界，地形又很险要，历来是兵家必争之地，在此筑长城符合魏的军事防御需要。

 **秦长城**

秦国的疆域西起于甘肃东部，辖有陕西省大部，东与魏、韩接界，南与楚、蜀连壤，西、北与诸戎相邻。国都原在雍（今陕西凤翔），秦孝公十二年（公元前350年），为进取中原，将国都迁往咸阳（今陕西咸阳东）。雍故城和咸阳故城都在1988年被公布为全国重点文物保护单位。

秦崛起于西北戎地。西周末年，犬戎与申侯伐周，杀幽王。秦襄公将兵救周有功，并兵送周平王徙都洛阳，公元前771年，始封为诸侯。秦穆公（公元前659～前621年）广地益国，东服强晋，西霸诸戎。秦孝公（公元前361～前338年）又用商鞅变法，谋取中原。秦历经惠文王、武王、昭王、孝文王、庄襄王几代经营、攻伐，至秦始皇灭六国，统一中国。

秦是在与西戎的斗争中壮大的。其祖先中潏就生活在西戎地，世代与西戎通婚。秦仲奉周天子命诛伐西戎，结果被西戎所杀。其后数世伐戎战争时起。穆公用内史廖计，送给戎王许多妙龄女乐，使他沉湎酒色，然后成功地离间了戎王和贤臣由余。由余降秦后，为穆公策划伐戎，吞并了12戎国，辟地千里，于是秦称霸西戎。秦厉共公（公元前476～前443年）又东伐大荔戎（居今陕西大荔、朝邑间），北讨义渠戎

（居今陕西北部和甘肃东北部泾水、渭水以北地），掳义渠王。惠文王（公元前337～前311年）时义渠称臣，不久又侵义渠戎，取义渠25座城池。昭王（公元前306～前251年）母宣太后与义渠王私通，后又诈而杀义渠王，起兵灭了义渠，将义渠领土全部纳入秦的版图。此时，秦在北境已拥有了上郡、陇西（陇山，即今六盘山以西，甘肃兰州以东）、北地（今甘肃东北部与宁夏南部）三郡。

西戎中义渠最大，其他诸戎都分散居于山谷间，自有君长，莫能相一。因此，秦对他们都采取攻势，使之不能构成对秦的威胁。战国中期后，对秦的西、北境有威胁的是匈奴的侵犯。

匈奴是中国古老的少数民族，其族源至今仍聚讼未决。司马迁认为，匈奴的先祖是夏后氏的苗裔。也有学者进而肯定说，因夏桀无道，被商汤放逐时，桀的儿子獯鬻（音 xūnyù）率桀的众妾逃往北野，过起随畜移徙、逐水草而居的生活，中原称其为匈奴，也是炎黄子孙。东汉服虔、晋代晋灼说："尧时曰荤粥（音 xūnyù），周曰猃狁（音 xiǎnyǔn），秦曰匈奴。"此外，山戎、狄等民族，也都和匈奴同族同源，战国时通称之为胡。

匈奴居于我国北部，以畜牧为业，多畜马、牛、羊，逐水草迁徙，不定居，也无城郭。人人都拉弓射猎，称"控弦之民"，尽是甲骑，英勇善战，把战争和掠夺作为获取财富的手段。因此，它严重地侵害着定居于中原北境从事农业生产的民族，也是秦攻取中原的后顾之忧。于是，秦昭王在陇西、北地、上郡筑了一道长城以拒匈奴。这道长城称秦长城或秦昭王长城，后者是为了区别于秦始皇长城。据《史记·匈奴列传》记载，秦昭王长城筑于秦昭王收陇西、北地、上郡后，即它的修筑年代当在公元前 272 年之后，应是战国时期最晚建的长城了。

秦昭王长城至今依然蜿蜒在西北黄土高原上。目前所知，其西端起自甘肃省临洮县三十里墩杀王坡的洮河边上，傍洮河东南行，沿山梁跨沟越涧进入渭源县，转依渭河北岸至陇西县，缓缓改向东北入通渭县。所经之地多有以长城所取的地名，如长城岭、长城梁、长城湾、长城坡、长城关门、城壕梁、城墙湾、城墙岭。长城续行入静宁县，因破坏严重，走向未能十分确定，一些地段只依残存夯土墩推定。

该长城从静宁县东北出境，入宁夏回族自治区西吉县，由南向北沿葫芦河东岸延伸至将台后，折向东沿马莲河河谷修筑，地势较为开阔平坦，因此长城呈直线形，至马莲水库转入固原县境，沿滴滴沟北行。滴滴沟发源于六盘山北麓，两岸峡谷对峙，奇峦危峰迭起，甚是惊险，长城也依地势曲折起伏，在陡峭狭窄的山坡上则削山成墙。出滴滴沟，地势豁然开朗，长城转折东走，跨越海峡子河、清水河而至彭阳县。在彭阳境内，长城沿茹河（泾河上游的支流）上游小川河北岸山梁上修筑，取东南走向，地势较平缓，有的山梁称作长城梁。

在茹河上游的古城乡有一座遗址，北距长城 12 公里，西北距固原 27 公里。古城平面呈长方形，东西长约 650 米，南北宽约 350 米。城垣犹存，残高 0.7～4 米，北墙外发现 20 多米宽的城壕。城中曾出土一件汉代铜鼎，上有錾（音 zàn）刻铭文三处，其中有一处铭曰："第廿有五年，朝那，容二斗，重十二斤四两。"结合地望考证，这座古城址应是汉代的朝那。《汉书·匈奴传》载："孝文十四年（公元前 166 年），匈奴单于（音 chányú，匈奴君主）十四万骑入朝那萧关，杀北地都尉（将官）（孙）卬，虏人民畜产甚多，遂至彭阳。"明顾祖禹《读史方舆纪要》说："朝那萧关者，萧关属朝那也。"可见萧关就在这一带。萧关地理位置非常重要。所谓关中，即指其东有函谷关（在今河南灵宝西），西有散关（又名大散关，在今陕西宝鸡西南），南有武关（在今陕西丹凤东 20 公里），北有萧关。萧关位于六盘山东麓，扼关中通向塞北的要道，是关中北方的门户。汉武帝元封四年（公元前 107 年）北巡时，也取道萧关。唐代诗人王维《送韦评事》诗中有句，道出古代萧关的边防地位：

欲逐将军取右贤，沙场走马向居延。

遥知汉使萧关外，愁见孤城落日边。

在瑶湾东有一座村落，取名长城村，村内原有一座白马庙，村民传说秦始皇筑长城时，命令太子扶苏（也有说是二太子、三太子）骑白马巡视长城，太子不断鞭策白马驰骋，白马因力不支，在这里倒地死去，后人怜惜白马，立庙祭祀。这道长城原是秦昭王所筑，沿线群众却多将长城挂于秦始皇名下，这传说当是讹传。

秦长城在彭阳县张沟圈，以 90 度的大直角折向东北，再次延入甘肃省镇原县。经过茹河上游和蒲河的许多条支流，越沟上塬，起伏较大。在孟庄塬至佛家庄一带，群众中流传有不少与长城有关的传说和风俗。其中有在每年农历十月初一"送寒衣"之俗。每逢此日，凡居于长城内侧的人家要上坟烧纸，称是为故人"送寒衣"，如不履行，会遭人耻笑。相反，凡居于长城外侧者，即使住在长城脚下，也不"送寒衣"。没有长城的地方也没有这种风俗，说是"没有长城，送什么寒衣？"显然这与"孟姜女千里送寒衣"的故事有关。

长城出镇原后进入环县。沿蒲河支流康家河、黑泉河西北上，后复折向东北，沿环江支流城西川、城东沟南岸修筑。在环县的长城基本上傍依河流，也就是把河流作为城壕使用，增加了长城的攻守能力。

长城出环县，进入华池县。在华池境内的长城大都东行在县北的山梁上。这道山梁是闻名的子午岭最北端。从强家梁至四崄梁是一道由大大小小的梁、台、崄、嵝岘（小而高的山岭）相连而成的长梁，极少沟壑。长城左旋右盘，上下腾越于梁脊上，因此这道长城又名长城梁。这里荒山野岭，人烟稀少，长城保存较好。凡山势平坦、坡度较缓的地方都筑有夯土城墙，在崄、梁顶上地势高、坡度大处，则堑削山梁为墙。

亦即削山墙，这种削山墙在长梁上约占 35%。

长城出华池县，便进入陕西省北部地区。先经吴旗县，跨过洛河，爬上城墙岭，至志丹县，东北折，再入吴旗县。长城行进在岗峦起伏、梁峁交错的崎岖路上。所经地取名有城盖梁、城墙村、边墙壕、城壕沟、城墙岭、大墩梁、城墙嘴子、城墙疙瘩等，显然它们和长城有不可割离的联系。

长城自吴旗县入靖边县，傍西芦河、芦河的岭、梁东北行，在可利用的高危岭梁则堑削成墙。在天赐湾南横山山脉上支出一段长城，它沿城墙梁、高墩山趋东入安塞县，其具体情况未及究明。长城自三个墩湾以此，已有黄沙飞扬。

秦长城至横山县即进入了鄂尔多斯高原，毛乌素沙漠不断南侵的地带，处处被漫漫流沙所覆盖。在县境内仍沿芦河而行，在边墙壕越过无定河进入榆林县，约行 4 公里复入横山县，又 20 多公里再次进入榆林县。长城越芹河、榆溪河，进入秃尾河西侧而至神木县。自靖边县北杨桥畔经横山、榆林至秃尾河的长城，后被明长城利用。

长城入神木县，循窟野河及其上游犇牛川西岸北上。窟野河西岸山崖陡峭，流入窟野河的支流涧沟把逶迤的山脊切隔，梁峁山峦迭出，长城上下爬行，东临陡深的河流，更显挺拔险峻。

长城出神木进入内蒙古自治区伊克昭盟准格尔旗，沿束会川经纳林塔、坎梁，抵达托克托县十二连城附近的黄河岸边。十二连城由东西两座大城组成，相距 9

公里。西城有 8 个小城，其南又有 1 拐城。东城有 2 城，再加两大城间的 1 城，共计 12 座城，故称为十二连环城，简称十二连城。长城在准格尔旗内的走向尚不十分清楚，以致路线的推定不同。目前提出有两条路线：一条从坝梁折向东经点素脑包抵十二连城。其根据是在点素脑包发现有夯土台和遍地的瓦砾，而夯土台即是长城的残垣。另一条是从坝梁北上至敖包梁，东走沿黄河南岸抵十二连城。持后说者首先否定了点素脑包夯土台是长城垣，认为它仅是长城内侧的一处烽燧遗址，而从这里往北不见长城遗迹和遗物。可是在十二连城西一线却不断有遗物发现。由于黄河南迁 4~7 里，长城遗迹可能已被冲毁。据近年调查，以后说为是。

秦昭王长城经甘肃、宁夏、陕西、内蒙古四个省区，历临洮、渭源、陇西、通渭、静宁、西吉、固原、彭阳、镇原、环县、华池、吴旗、志丹、靖边、横山、榆林、神木、准格尔旗、托克托等县旗，共长约 2000 公里（见图 3）。

战国秦长城城墙由黄土夯筑而成，保存最好处长 6 公里，基宽 8~12 米，高 2~15 米，建于陡坡上的，高可至 10 余米。有的地段外侧取土形成沟壕。全线约近三分之一是顺应地势堑削而成，而且往往"堑山堙谷"，巧妙利用地势，削山墙高达 5~10 米。在神木县窟野河上游的长城，大多采用石筑，构筑方法也因地而异。如水土流失严重的多石地段用石头垒砌，石头直接砌于山岩之上；若遇山脊窄狭，则墙基下铺放一

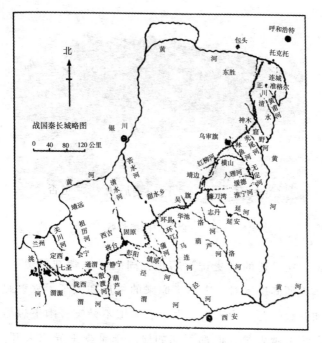

图3　战国秦长城略图

层横木，以扩地基而不致倾滑；如风化严重、山脊差
的地段，乃先夯土为基，然后砌石成垣；遇土层丰厚、
石头又缺乏的地段，则采用一层夯土一层石的方法构
筑；如附近盛出姜石，城墙的基部夯土中拌杂姜石，
非常坚固，在其上里外两面垒砌石，中间填碎石块，
这种构筑法至今仍为当地群众盖房筑墙所沿用。长城的
构筑充分体现了因地制宜，就地取材的原则（见图4）。

　　在长城沿线的内侧发现有烽燧、城障、古城遗址。
烽燧俗称烽火台，是用作传递敌情的一项军事设施，
至迟在西周晚期已经出现和利用。西周末代君主幽王
为博爱后褒姒一笑，"烽火戏诸侯"的故事是尽人皆知

图4　陕西战国秦长城

的。司马迁的《史记》写道：周幽王非常宠爱褒姒，竟不顾群臣反对，废掉了原来的王后和太子，立褒姒和褒姒的儿子为王后、太子。褒姒不爱笑，幽王想尽办法引她发笑，但都不能如愿。于是幽王异想天开，竟启用传递军情的烽燧大鼓。他命令燃起烽火，这就是告诉诸侯有寇贼来侵犯了。于是各路诸侯纷纷举兵携械齐集京师。褒姒看见诸侯们落进骗局和那勤王的认真劲儿，不由得开心笑了。幽王也非常高兴，后又多次如法炮制。诸侯受了嘲弄，满腔怒火，再也不上当了。不久，犬戎来攻打幽王，幽王举起烽火召集各路诸侯勤王，诸侯都不来。幽王自取其咎，被犬戎杀于骊山下，西周遂亡。

把烽燧和长城结合起来，共组御敌体系是古代人民的发明。当敌来犯时，举起烽火，在很短的时间内，把敌情传递给长城线上的守军和居于长城内的军事指挥官，可迅速组织起兵力，严阵以待。在前述的楚长城、魏河西长城沿线已发现有烽燧遗址，不过数量不多，这自然有被破坏的因素在内。在秦昭王长城沿线和内侧却已是烽燧林立。据调查，每隔 1～3 公里就有 1 座，估计共有 1000 座之多。一般都建于视野开阔的高处，形状大多作圆台形，夯土筑成，存高 2～5 米。

障（障）或称城障，即小城，是守城军士居住的地方。城很小，多筑于长城沿线上的险要通道上，每 3～5 公里有一座。面积不等，大城 5000～10000 平方米，小城 3000～5000 平方米。许多城障未发现城垣，或许早期的障不建城垣。

近年来，考察者在长城上发现有城墩。它宽于城墙也高出城墙，呈卧鲸状，面积有 20～40 平方米，高 2.5～4 米。墩上残留大量瓦片，推测在墩上盖有小屋，以供守城戍卒瞭望巡守，屋的两端设小门通往城墙上。长城上这种墩每公里有 3～4 处，全线约有 6000 多处，有的学者认为，这应是烟墩，亦即烽火台、烽燧，大约它也可兼备这种职能。城墩的发现是重要的，它应是明长城敌台建筑的滥觞。

关于秦昭王长城，有许多问题尚待考察探讨，其中争论最烈、相持不下的是它的西端首起地点。这个问题也是历史的悬案。据《史记·匈奴列传》记载，秦始皇长城“起临洮至辽东万余里”。论者皆认为秦始皇长城的西段是沿用了秦昭王的旧城。也就是说，秦昭王长城也应西起自临洮。唐《括地志》说：“秦陇西郡临洮县，即今岷州城，本秦长城首，起岷州西十二里，延袤万里，东入辽水。”言之凿凿，然而在唐岷州（今岷县）至今未发现秦长城遗迹。于是有人提出这是唐人误导文献，临洮是临洮河，北宋《华夷图》（刻石存西安碑林）、南宋《地理图》（刻石存苏州文庙）所绘秦长城西起点在熙州（今甘肃临洮），而不在岷州。也有人主张首起今临洮的长城是秦昭王长城，秦始皇长城仍起于岷县西。可是不少学者对以上诸说均持慎重态度，仍待来日诸考古手段的综合研究解决。

古代文献中有许多"语焉不详"的地方，给后来的研究工作带来不少困难和误解。《史记·六国年表》载，秦简公七年（公元前 408 年），"堑洛，城重泉"。"堑洛"应是为加强防御而为。一些史学家认为，这是一道秦筑于洛河边的长城，因防晋而设。有学者还推测了它的路线：南端起于华阴县东南的小张村，东北行越渭河，循洛河经蒲城、大荔、白水，北端达黄陵县，魏的河西长城有的地段还利用了秦堑洛长城。但有人提出，在"堑洛"长城的南端华阴段，经考古调查，其城墙乃是几座古城的残垣，在华阴洪家崖和西关堡两地的长城考古试掘和断面解剖，也未发现魏是在秦长城上修筑的迹象。在文献中除提到秦"堑洛"外，还有"堑河旁"（厉共公十六年，公元前 461 年）、"城堑河濒"（灵公八年，公元前 417 年），它们究竟又是什么样式的防御工程呢？《史记》所说秦简公"堑洛"，不一定是修筑长城。如果要确定其为长城，恐怕还要做更多的文献考证和考古调查发掘工作。

6 赵长城

赵的疆域含今山西省大部、陕西省东北部、河北省南部。东与中山、齐接界，南和西与魏、韩、秦交错，北接林胡、楼烦，东北与燕、东胡毗邻。国都原在晋阳（今山西太原），中迁中牟（今河南鹤壁西），公元前386年赵敬侯迁都邯郸（今河北邯郸）。晋阳故城和邯郸故城分别于2001年和1961年被公布为全国重点文物保护单位。

赵的祖先造父事周穆王，被赐给赵城（今山西霍县南赵城镇），由此以赵为姓氏。西周末幽王无道，叔带去周，改事晋文侯，遂世为晋卿。晋景公时，大臣屠岸贾诛灭赵氏，戏剧《赵氏孤儿》就取材于这一段历史。赵烈侯六年（公元前403年），赵与韩、魏同列为诸侯。赵敬侯十一年（公元前376年），赵又与韩、魏三家分晋。在分晋前后，赵国注重于中原的逐鹿，把都城迁往南境的邯郸，南挟魏，东伐齐，但没有占多少便宜。相反，赵成侯时，却被魏国打败。成侯二十一年（公元前354年）魏竟至兵临邯郸城下，翌年攻下邯郸。赵只得求和立盟于漳水之上。由于邯郸处于岌岌可危的境地，赵肃侯便在漳水、滏水之滨筑了一道长城，也称漳滏长城，其防御对象自然是魏国。赵武灵王下决心胡服骑射，把拓地方向转至北方，并在北界也筑了一道长城。此长城为抵御匈奴诸胡的南侵而置。战国晚期，秦强赵弱，不断攻战赵国。公元前 260 年，有名的长平之役，赵由于主将赵括刚愎自用、指挥错误而惨败，秦坑了赵的降卒 40 余万人。这是战国史上最为残酷的一次惊天地、泣鬼神的战争，赵从此不振，至公元前 222 年为秦所灭。

漳滏长城筑于赵国南境，所以也称赵南界长城或赵南长城。《史记·赵世家》记载，赵肃侯十七年（公元前 333 年）"筑长城"。又载：赵武灵王于十九年（公元前 307 年）说："我先王因世之变，以长南藩之地，属阻漳滏之险，立长城。"赵肃侯所立的长城就是漳滏长城，它凭漳水、滏水的险阻而建。当时漳水和滏水是赵魏的界河，大致上漳滏北属赵，河南是魏地。魏文侯（公元前 424～前 387 年）时西门豹治邺的邺城就在漳水南不远。漳水南岸还曾立有西门豹祠，"河伯娶妇"的故事就发生在附近。滏水是漳水的支流，据说它发源于石鼓岩下，泉源奋涌，好似滏（即锅）里的沸汤，东流注入漳水。

漳滏长城的修建年代在赵肃侯十七年，即公元前 333 年，这在学术界是没有歧义的。然而它的地望却是疑问多多了。以往认为漳滏长城应西起于太行山下，沿滏水、漳水北岸而东，经今河北省涉县、磁县，循漳河故道转向东北延伸于临漳、成安，至于肥乡县南，长约 200 公里。近年经实地探查，在这一线未发现有长城遗址。学者或推测：涉县至磁县的西段高山峻峭，河流湍急，有天险可凭，只是筑城戍守，已发现有城址多处。磁县东北至肥乡县段，长城墙体未觅见踪迹，是因当时将长城建于漳河北堤之上，由于历史上漳河多次泛滥、改道，致使墙体遭受严重破坏，所余者已深埋地下。

在河北省漳水、滏水沿岸未觅见长城踪迹，然而在河南省北部林州市、辉县、卫辉县一带却发现了石垒长城墙体。这使一些学者将目光转向了豫北，认为赵南长城应该在这里。似乎是"众里寻他千百度，蓦然回首，那人却在灯火阑珊处。"林州市、辉县、卫辉县一带的长城地处太行山南段东麓，大体上呈西北－东南走向，长城依山就岭断断续续，也有呈北－南走势的，残长120米至30余公里不等。就城取材，墙体由青石或杂色石砌就，或乱石、杂土为之，或自然块石砌边、中填乱石。残高1～3.2米，基宽1～9米，个别段宽达25米。当地群众称之为"边界岭"、"堤岭"。

冀南与豫北的这两道长城何者是赵南漳滏长城？学术界这两种截然不同的见解孰是孰非？目前可以说是莫衷一是。在列强争夺城池、土地异常剧烈的战国时期，豫北是赵、魏势力犬牙交错、争斗频仍的地带，城池得失是倏忽之间的事，如要确定赵南漳滏长城是否坐落于此，需要对这一时期赵、魏两国的战争形势作深入周密的考证和研究，了解魏、赵各自的势力范围和赵国在此一线设防建长城的可能性和必要性。同时还要开展考古调查和发掘工作，判定豫北林州市、辉县、卫辉长城的修筑年代。否则要得到问题的满意解决是不可能的。实际上对豫北林州至卫辉的长城目前也有不同的认识，有认为是东周韩、魏长城或认为

47

是明长城的。就长城墙体的时代而言，也不免令人疑窦丛生，如在长城所经之辉县狼石沟发现有明代关隘一处，石券关门上阴刻大字楷书"狼石双岩"，左刻"大明嘉靖二十二年季春吉旦"字样。林州市太平山长城城墙上部留有间隔不等的瞭望或射击孔；南段通道外有石砌券门，顶部已坍塌，门楣上原有"岩阐"大字石刻。某些地段还发现有元代等晚期的陶瓷片。这些与城墙关系密切的晚期建筑及晚期遗物，它们与长城究竟是什么样的关系？是后代对早期长城有所利用抑或是恰巧反映了长城的时代？这些判断和结论都需要文献和考古的支撑。我们也不妨把研究的视野再扩大一些，如将某王朝统治者抵御农民起义军而设的工事也纳入考察的范围之内，这种工事也是有先例可鉴的。简言之，这道长城尚需费功夫予以甄别。

赵武灵王（公元前 325 年～前 299 年）所建长城在赵的北境，所以也称赵北界长城或赵北长城。据《史记·匈奴列传》记载："赵武灵王亦变俗胡服，习骑射，北破林胡、楼烦。筑长城，自代并阴山下，至高阙为塞。而置云中、雁门、代郡。"就是说，赵武灵王十九年（公元前 307 年）因变更风俗穿胡服，士兵练习骑射，军力大增，击破了林胡、楼烦，"攘地北至燕、代，西至云中、九原"，于是设了云中、雁门、代三郡，在这三郡北筑了一道长城。林胡、楼烦是我国古代的少数民族，林胡也称林人，他们和居于东北的东胡合称三胡。林胡、楼烦后来并入匈奴，或说原本就属匈奴族。战国时，他们居于赵国西北境，即今山西省西北部静乐、岚县以北地区。楼烦的活动中心在雁门一带，林胡的活动中心在朔县等地。赵武灵王破楼烦、林胡后，在其地置了云中、雁门二郡。

在云中郡，武灵王建了一座重要的边塞城——云中城。其筑城和得名有一段美丽的传说。据说，赵王原想在黄河西岸建城，但建了就崩塌，建不起来。于是改卜阴山河曲之地，并向天祈祷。忽然于白昼见到成群的仙鹤遨游于云中，徘徊经日，又见火光在鹤群下映衬得非常壮观辉煌。赵王万分惊喜，说这祥瑞是为我出现的，于是就在这里筑城，名为云中城。故城址在今内蒙古自治区托克托县东北部古城村。

雁门郡位于今山西省西北部，这一带峰峦叠嶂，形势非常险要。顾炎武《天下郡国利病书》中说：雁门在句注、西陉之地。重峦迭巘，霞举云飞，两山对峙，其形如门，而蜚雁出乎其间，故名。

代郡在赵的北境，今山西省东北部和河北省西北部，其地原是古代国的领土。代国故城在河北蔚县境内，2001年被公布为全国重点文物保护单位。代国是北狄族所建小国，赵襄子的姐姐嫁给代王，为代王大人。襄子宴请代王，却私下命人以铜斗击杀代王取其国，地并隶赵国。襄子派使者去迎回姐姐，代工夫人呼天哭泣，取头上的笄而自杀。代人哀怜她，将她所死之地取名为摩笄之山。惠文王三年（公元前296年）置代郡。

赵武灵王所筑长城是"自代并阴山下，至高阙为塞"。经考察，它横亘于云中、雁门、代三郡北部的阴山南麓。东端起自河北省张家口、张北、万全、崇礼诸市、县交界处海拔 1667 米的黄花梁北麓，向西经张北、万全，至怀安县桃沟，西入内蒙古自治区兴和县二十号村（据考证为代郡延陵县），经察哈尔右翼前旗、卓资县、呼和浩特市、土默特左旗、土默特右旗、包头市，至乌拉特前旗大坝沟口止。从此往西的乌拉山西段为险峰陡岭，未见长城遗迹。全长约近 600 公里。墙体构筑因地制宜，有石砌、石垒或土夯、土石混砌多种，存高约 0.5 ~ 6 米，基宽 3 ~ 6 米。河北境内发现大多数地段被秦、汉、北魏、北齐乃至明代修缮利用。长城沿线有多座城障遗址，张北狼窝沟口可能是赵国北境重要的关隘。

北魏时郦道元在《水经注》中曾详细记述了呼和浩特北大青山（阴山）南麓的长城，其地古名白道岭，今名蜈蚣岭。他写道：白道南谷口，有长城在右，萦带长城，背山面泽，谓之白道。沿路土穴出泉，挹（音 yì）之不穷。我每读古诗，云："饮马长城窟"，及到这里，远怀古事，才相信这不是虚言。顾瞻左右，山上有墙垣若颓基，沿溪亘岭，东西无尽头，应当是赵武灵王所筑长城。郦道元所说的这段长城遗迹犹存，在呼和浩特市西北郊乌素图，保存较好，至今仍吸引不少游人怀古踏看。

在长城沿线及以南十数里内，分布有大小烽燧，在卓资县、呼和浩特市附近、土默特左旗、土默特右旗、包头市郊都有发现。如呼和浩特市东郊古楼板村万脑包烽燧，平面呈方形，存高约 4 米，边长 8 米左右。在长城内外，尤其以南发现有城障遗址多座。城障面积一般为 200 米见方，如包头市西侧哈德门沟口的城障遗址，平面略作长方形，东西长约 150 米，南北宽约 250 米，南、北各开一门。这座城障东边不远是昆都仑沟，沟东也有一座青库图城障遗址。两城障东西呼应，共同守卫着通山大道的南口。

赵武灵王长城的起止点，至今尚无定论。根据文献是东端起自代，即河北省西北部。但其具体地点以往推论不一。一说在蔚县，即代国故城所在地；一说在张北；一说在内蒙古自治区的兴和，即赵国代郡延陵县。据近年考古调查，该长城的东端起自张家口、张北、万金、崇礼交界处，海拔 1667 米的黄花梁北麓，故以张北说为是。兴和应不是它的起点。如起于蔚县，这道长城似要绕过山西省东北部，考古实地调查也推翻了这一论点。

赵北界长城的西端高阙，是很著名的山谷，由于长城依其险峻，使它更添一分壮丽，尤当北国大雪飘扬时节，景观分外妖娆。初唐四杰之一的卢照邻《雨雪曲》诗就是描写雪中的高阙，有句云：

雪似胡沙暗，冰如汉月明。

高阙银为阙，长城玉作城。

但对高阙的地望历来所说不一，近人的勘定牴牾也颇多。一种说法，根据《水经注》：（黄）河水曲而东北流，为北河，东经高阙南。《史记》称赵武灵王既袭胡服，自代并阴山下，至高阙为塞。山下有长城。长城连山刺天，其山中断，两岸双阙，羡然至云端，望去像阙。以形状取名，所以称高阙。河水又东经临河县故城北。郦道元所指的应该是今内蒙古自治区临河县北的狼山口，一般认为即今石兰计山口。这里两岸对峙，中间陷落，山谷长达六七公里，山口较狭，其北口发现有长城和烽燧遗址，南口也有烽燧遗址，然而这些遗址的年代未能确定。一说据《史记·匈奴列传》正义所引《地理志》："朔方临戎县北有连山，险于长城，其山中断，两峰俱峻，土俗名为高阙也。"朔方是汉郡名，包括今宁夏回族自治区北部和内蒙古自治区鄂尔多斯高原。《地理志》所指可能即内蒙古自治区磴口县的哈隆格乃山口。不过，据调查，这里发现有汉代的石城和烽台，考证石城似为汉代鸡鹿塞的废墟。

对前说，同意者多，对后说，支持者少。经最近踏察，提出高阙应在乌拉山西端的某一山口，有说是内蒙古自治区乌拉特前旗宿荄乡的大坝沟口，有说是乌拉特前旗白彦花镇东不远的昆都仑沟。在乌拉山西端某一山口的说法主要理由是赵武灵王二十六年才拓地西到云中、九原，疆土尚不能达到狼山西端。这一说法不无道理。《水经注》曾引书说："赵武侯（即武灵王）自五原河曲筑长城，东至阴山。"《史记·秦始皇本纪》正义也认为高阙"山名，在五原北，两山相对若阙，甚高，故言高阙"。九原、五原均属五原郡，在今包头市西，它们的西邻就是乌拉特前旗。目前的考古调查，更进一步支持了大坝沟口的说法。

史学家根据汉代桓宽所著《盐铁论》中提及的"赵结飞狐、句注、孟门，以存陉、代"句，论证在山西省北部应该还有一道早于武灵王长城的赵长城。飞狐在今河北蔚县东南，即恒山峡谷口之北口。其地两峰峭立，中间蜿蜒一线百余里，为古咽喉要道。句注山位于山西省代县西北，东西横亘，属恒山山脉，又名陉岭、西陉山，因其山形勾转，水势流注，故名。句注塞是古代九塞之一，其山与雁门山紧相连接，所以句注山也有雁门山之称。唐代在此建关，始称雁门关。孟门有二，此即指位于今山西省离石县西滨河之地的孟门。飞狐、句注、孟门都是赵武灵王未拓地北边时的边地冲要关口。前人曾由此推定这道长城东起今河北涞源北蔚县南界的飞狐口，西行，入今山西省灵丘县北境，经繁峙、雁门、宁武，转西南走，然去黄河滨是采取至兴县修筑或是采取走静乐、岚县抵离石县，未能肯定。近人也曾实地勘察，据说在蔚县、广灵、浑源、应县、代县、宁武、五寨、岢岚一线发现有该长城遗迹。但是，据近年考古调查，在此一带并未发现有战国时期的赵长城遗迹。尤叫否认，这里是兵家战略要地，历朝历代都非常重视，东周时赵国也是如此。在宁武县东北，赵武灵王就设置了楼烦关。楼烦关历代都是军事要地。古代不少将领、诗人亲历其地，抚今追昔，留下不少诗篇。南齐骠骑将军孔稚圭《白马篇》诗写道：

雄戟摩白日，长剑断流星。

早出飞狐塞，晚泊楼烦城。

南宋参军鲍照在《拟古》诗中说是"朝游雁门上，暮还楼烦宿"。可见这一道防线在历史上是何等重要。

在一些史籍中也曾提到过这道长城，如《史记·赵世家》载：赵肃侯十七年筑长城，《正义》即说："赵长城从蔚州（今河北蔚县）北，西至岚州（今山西岚县）北，尽赵界。"明代尹耕《九宫私记》说：我曾到过雁门，岢石（山名，在今山西岢岚东北），看见山上许多地方都被削切，迤逦而来，大约自雁门抵应州（今山西应县），至蔚东山三涧口，也都是如此，询问父老，说是古长城遗迹。后读史书，周显王二十六年，有赵肃侯筑长城事，顿悟。原是三胡并强，楼烦未破时系赵的守境，东为蔚、应，西是雁门，所以肃侯筑了长城。父老所说的长城，是肃侯长城，而非秦始皇长城。

代、雁门郡是赵国北陲军事要地，句注塞形势尤为险要，历来是兵家必争之地，赵国一直派良将镇守。孝成王（公元前265～前245年）时，大将李牧常年驻守在这里以防备匈奴。李牧一面坚壁清野，谨慎设防；一面发展当地经济，把市租收入输作军用，每天都宰牛犒赏士兵，养精蓄锐。他明告士兵，若匈奴入侵，我们立即收兵自保，不与匈奴战。因此匈奴和赵军士兵都以为李牧胆怯。赵王也很恼怒，撤换了李牧，让他人代将。但结果是与匈奴数战不利，损亡甚多，而且边境不得安宁，经济也遭破坏，赵王只得重新起用李牧。数年后，李牧认为战机已到，匈奴骄狂轻敌，赵军士气高昂。他选兵车 1300 乘，骑 13000 匹，勇猛善战之士 5 万人，射士 10 万人，日夜练兵。战之日，他大纵畜牧，人民满山遍野，以诱匈奴。匈奴小攻，我佯败不胜。匈奴单于以为机会难得，便率大军来攻。李牧设奇兵，分左右两翼攻击，大破匈奴，杀匈奴 10 余万骑，使匈奴 10 余年不敢靠近边城，争得了边境的安宁。后人敬仰他，为他立祠，今雁门关内尚有李牧祠旧址，并有石碑数座，记载了李牧屡胜匈奴的业绩。明代杨基《晚度雁门》诗咏李牧云：

> 关山迢递朔云高，风紧霜花积毳袍。
> 此地宣威称李牧，有谁再退北羌豪？

 7 中山国长城

中山国是春秋战国时白狄鲜虞所建的一个小国，地处太行山东的燕、赵之间，即位于今河北省西南部平山、灵寿、行唐、定县、正定、石家庄一带。东邻燕，其他三面为赵所包围，国都原在顾（今河北定县），后迁都灵寿（今河北灵寿城西南约 10 公里处，隶属平山三汲乡）。灵寿故城于 1988 年被公布为全国重点文物保护单位。

关于中山国的历史记载非常零星和分散。公元前 414 年，中山武公始建国称公。中山是北方少数民族建

立的国家，风俗与中原不同。据说：中山之俗，以昼
为夜，以夜继日，男女偎倚不休息，终日欢乐歌谣又
好悲。中山国民心涣散，君主幼弱，高官囤积居奇做
买卖，官吏结党营私求升迁，小吏贪污而怨声载道。
立国仅 7 年，就于公元前 408 年被魏所灭。中山落魏
手，对赵国极为不利。因此赵谋助中山复国，中山也
励精图强，于公元前 378 年或稍前，中山桓公终于复
国，并把都城迁往灵寿。但中山的强大，对赵构成了
威胁，赵屡屡攻打中山。中山国为保卫自己，在公元
前 369 年（赵成侯六年）建了一道长城。这道长城用
于防御赵、魏，以抗赵为主。

中山国虽小，但敢于与大国对抗。《战国策》说：
中山全民奋起迎战燕、赵，南战于长子（今河北临
城），败赵国；北战于中山，克燕军，杀燕将领。中山
仅是千乘之国，而敌人为两个"万乘"大国，再战再
胜。可见复国后的中山士气之盛。赵国必然视中山为
心腹之患，赵武灵王图变胡服时犹说：纵使世人都嘲
笑我，"胡地、中山吾必有之"。中山国自桓公后，传
成、罍、鉴、尚共五世，于公元前 296 年被赵所灭。

近年对中山国长城进行了考古调查，它大体上纵
贯于保定西部太行山东麓的涞源、唐县、顺平、曲阳
四县。北起涞源黄土岭，经唐县周家堡，至顺平大黄
峪，其南以山为险，未筑城墙，由大黄峪村西北海拔
约 700 多米的大簸箕掌山峰的半山腰开始又见连续的
长城墙体，它沿着唐河东岸大致呈南北走向向前延伸，
经顺平神北、富有、大岭后、柏山，在顺平和唐县交

界的马耳山入唐县，长城转向西南，蜿蜒于马耳山岭之上，直至西大洋水库北岸。长城复出于水库南岸，在凤山庄南分为两支，一支走向东南，止于一座山崖上，一支向西南又转向北，为水库所淹没，最终止于唐县的灌城。此外，在顺平隘门口、曲阳郑家庄王快水库北侧的山岭上也发现有长城遗址。长城总长约89公里。墙体石砌或土石混砌，存高0.4～3米，基宽1～2.5米。沿线发现有多处屯戍和烽燧遗址。

8 燕长城

　　燕国位于河北省北部、辽宁省南部。全境东北和朝鲜为邻，北和东胡接壤，西和中山、赵交界，东南滨渤海湾，并和齐相接。国都在蓟（今北京）。大约在燕桓公（公元前372～前362年）时，在易水之滨又建了武阳城（今河北易县东南2.5公里处）。故此称蓟为上都，武阳为下都，习惯上称武阳为燕下都。燕昭王继位后，下都的政治地位日益重要。昭王在下都筑黄金台，置千金于台上，以招贤纳士。燕太子丹在下都蓄宾客，养刺士，遣荆轲刺秦王。送别荆轲的悲歌"风萧萧兮易水寒，壮士一去兮不复返"，即演于燕下都的易水之滨。唐代骆宾王有感于古事的悲壮，作诗句曰：

　　　　此地别燕丹，壮士发冲冠。

　　　　昔时人已没，今日水犹寒。

蓟故城几乎已破坏殆尽。燕下都故城于 1961 年即被公布为全国重点文物保护单位。

燕和周王室同姓姬，周武王封召公于北燕。成王时，周公、召公共同辅政，地位显赫。20 世纪 70 年代在北京房山琉璃河镇董家林发掘的西周城址和燕国贵族墓地（1988 年被公布为全国重点文物保护单位）揭示了西周燕国政治中心之所在。战国时，燕国最为软弱，常遭邻国强齐的欺凌和东胡的侵扰，燕王哙的禅让事件，更使国力大伤。幸赖昭王图治，一度中兴。公元前 222 年燕被秦所灭。

据文献记载，在战国时，燕国建了两道长城：一道在燕下都南，易水之滨，所以称易水长城，也称燕南长城；一道在燕的北境，称燕北长城。

显而易见，易水长城是为了保卫燕下都武阳的。燕下都偏处南境，与好兵的赵、魏、齐相邻，燕不得不防。据《史记》推断，这道长城应建于燕昭王之前。《史记·张仪列传》中张仪说燕昭王："今大王不事秦，秦下甲云中、九原，驱赵而攻燕，则易水长城，非大王之有也。"这时燕已有易水长城。张仪游说罢燕昭王，回秦国复命，未至秦都咸阳，闻秦惠王卒。秦惠王卒年正是燕昭王即位之年，即公元前 311 年。

经近年考古复查，易水长城的行经更显清晰。它西起于太行山东麓易县西南 30 公里的狼窝尖山，沿南易水北岸前行，至徐水县，走瀑河北岸（南易水的中、下游）东行经遂城西。长城越瀑河，沿瀑河南岸出徐水入容城县。长城又东越萍河至安新县，为今白洋淀北堤所压，在安新县城南，长城沿淀边缘转北又转东往前进入雄县，跨越大清河沿河北岸进入文安县。长城在文安境内向东、向南延伸，缘东淀和文安洼东侧的高岗曲折前行，至大长田村东南长城分为两支，分别走向东南和西南，均入大城县境，在刘固献村南会合后，继续走向西南，止于东马村东，全长约259公里。墙体除西端为土石垒砌外，其余地段为黄土夯筑，以易县、徐水境内保存最好，存长约有10公里，存高1~6.3米，基宽4~15米。河流沿岸的多以堤防为墙体，省却筑城墙的费用，省工省时又兼防水和防御双重功能。

燕的西、南界赵、魏、齐诸强国，没有开拓疆域的可能，于是燕国把拓地的目标放在北方。在战国晚期，强秦采取了"远交近攻"的政策，把燕暂时放在一边，在韩、赵、魏、楚疲于抗秦之际，燕拓地北疆，直至辽河流域以及辽东半岛，把大片东北的土地纳入了中原文化的影响之下，其功不可没。燕的北境有东胡、山戎各族，统称为胡。东胡有扶余，濊、沃沮。东胡、山戎都很落后，逐水草而居，居无常处，分散于溪谷间，百余人聚在一起就推一君长，不能统一起米。但他们的掠夺性、寇扰性很强。燕在拓地之后，筑了一道长城，以防东胡、山戎各族的内侵。这在《史记》中有记载。

《史记·匈奴列传》说：赵武灵王筑长城后，燕有贤将秦开在东胡做人质，东胡非常信任他。归燕国后，他将兵攻袭东胡，东胡弃地退却千余里。于是"燕亦

59

筑长城，自造阳至襄平。置上谷、渔阳、右北平、辽西、辽东郡以拒胡。"上谷郡在今河北省西部和中部。渔阳郡在渔水之阳（北），今密云一带。右北平郡在今河北省北部到山海关一带。辽西郡在今辽宁省大凌河以西地及河北省东北部。辽东郡在今辽宁省大凌河以东地。燕驱逐了东胡，在北方边陲设置了这五个郡，又在这些郡的北境筑了长城。

燕筑北界长城的时间在赵武灵王筑北界长城之后，也在燕将秦开从东胡回归燕国之后。据记载，当年随荆轲共赴咸阳刺秦王政的秦舞阳是秦开的孙子，刺秦王时，年方 13 岁，事在公元前 227 年。如果以一代人30 年计，燕筑北界长城最早也在燕昭王末年、燕惠王时，宋人吕祖谦考证，系此于昭王十二年，即公元前300 年。燕筑此长城大约在公元前 300 年或其后。在战国时期的列国中它应是较晚建筑的长城了。

经近年考古复查，燕北长城有内、外两道，分别称燕北外长城和燕北内长城。它们从西往东横贯于内蒙古自治区、河北省和辽宁省。这两道长城在内蒙古境内，南北相距约 30～50 公里，在辽宁境内相隔有百里之遥。燕北长城距今已有两千多年，破坏严重，有的已被夷为平地，断断续续不相连属，这为考察和确定连属关系带来极大困难。现将三省、区近年的考察结果综述于下：

燕北内长城西端在内蒙古赤峰市喀喇沁旗姜家湾村即见明显遗迹，东北行至元宝山区美丽河乡过老哈河进入辽宁建平县，东走复入内蒙古敖汉旗，至王家営子乡中断，遥与辽宁北票市北塔子乡相接，长城前行过牤牛河进入阜新县，东走经新邱区，至彰武县两家子乡。现共长约315公里。

长城横亘于内蒙古高原东南部。努鲁儿虎山、医巫闾山丘陵起伏，长城翻山越谷，很是壮观。登上长城，北望群山峰回峦转，南看丘陵如波。长城墙体的修筑，因地制宜，就地取材。土层厚又缺石材的地区，用土夯筑。筑墙的土就便取自墙外，这不仅省力省时，而且在墙的外侧形成一道深壕，增加了墙体的高度，深壕高垒，利于防御。现存土城墙基宽4～5米，残高1～2米。在土层薄、石料丰富的地区，如山岭上则用石块垒砌。一般是墙两侧砌以较大石块，壁面陡直，中间充实碎石夹土。为了使墙体坚固，墙体往上略有收分。现存墙基宽2～3米，残高1～2米。有的地段砌石为基，上面用夯土筑成，现存墙基宽8～10米，残高不及1米。也发现有巧妙利用山险为墙，并在两峰间筑一道石墙形成整体的。以建平、阜新两县的墙体保存最好。长城沿线还布列着烽燧和城障遗址。烽燧遗址平面呈圆形或方形，周长150米左右，存高1.5～2.5米；城障遗址平面呈长方形或方形，边长50～200米。有的城障紧靠长城，它的某一面墙就是长城墙。建平县黑水乡巴达营子的一座城内还发现了窖藏的燕国刀币约300斤，丰富了燕长城的文化内涵。

燕北外长城西端大抵起自内蒙古正蓝旗黑城子牧场南的滦河东岸，东南走向多伦县和河北沽源县交界线上，又东北走入多伦，南行入河北丰宁县、围场县，至围场后转向东北，在三义永进入内蒙古赤峰市，东行经敖汉旗、奈曼旗，至库伦旗西南伸入辽宁阜新市境内，长城东南走至大五家子镇遗迹依然清晰，再往东可能经八家子乡、旧庙镇，抵平安地镇，遗迹不甚清楚。现见长城共长约546公里，墙体多为黄土、沙土夯筑，少数用石块垒砌或土石混筑。存高0.4~3米，基宽4~18米，一些地段破坏严重，仅存土垄或无迹可寻。在长城沿线发现有城郭和烽燧遗址。

就燕国的历史发展形势而论，《史记》所说"自造阳至襄平"的燕长城，应该是指燕北内长城。史家都考证"造阳"在今河北省张家口一带，然而具体的地望今人却说法不一，有说在今怀来县北大古城，或说在宣化县境内，也有指在赤城县独石口以北、滦河上闪电河一带的。目前内蒙古和河北的长城考察者判定的燕北外长城西端所起地与之颇相符。因此有学者认为燕北内长城才由滦河源起，这燕北外长城的西端起点应是"自造阳至襄平"长城的起点。由于客观上实地考察的困难和确定连属关系的不易，误判和意见分歧的发生都是难免的。滦河上的长城起点有可能属于燕北内长城，但也有可能是这内、外两道长城的共同起点。

至于"襄平"，据考证在今辽宁省辽阳市老城。然而考古调查在辽阳市境内未见有此长城的踪迹，现考察所见的长城东端所在的阜新、彰武均在其北。不过在战国时，这里地广而人烟稀少，燕国所设的辽东郡

62

是指今辽宁大凌河以东地区，阜新、彰武也都在它的范围之内，襄平是辽东郡的郡治所在，以襄平来指称辽东是完全可以理解的，长城建于襄平之北也合情合理。襄平在燕国历史上是一个令人唏嘘的地方，在辽阳北静静地流淌着一条美丽的太子河，在2000多年前它却目睹了一幕燕国的悲剧：燕太子丹为挽救燕国将被强秦所灭的命运，遣壮士荆轲去刺杀秦王政，因秦王警觉，行刺未成。秦王大怒，立刻调大将王翦攻打燕国，攻陷了国都蓟。燕王喜和太子丹北逃辽东，秦兵尾追而至，太子丹躲藏在衍水中。秦王派人诓诈燕王，说如杀掉太子丹，即可解兵。燕王信以为真，竟遣人斩了太子丹，还打算献给秦王。可是秦王背信，仍进兵灭了燕。后人为太子丹的爱国热忱所感，将衍水改名为太子河。明代诗人韩承训咏太子河诗曰："燕丹昔日避秦兵，衍水今传太子名。"即指的这件事。

燕北外长城是燕国向北逐渐开拓疆土后修建的。这一道长城据研究可能向东渡过辽河，经开原、铁岭、清原，南折向新宾、桓仁、宽甸，渡鸭绿江，入朝鲜半岛，抵达今朝鲜平壤北新安州附近，不过开原以远或许是以郭塞形式延入朝鲜的。《史记·朝鲜列传》载："自始全燕时，尝略属真番、朝鲜，为置吏，筑郭塞。"不仅史书上有记载，而且在这沿线的赤峰、敖汉、奈曼、铁岭、宽甸、桓仁都发现了多处战国燕的城址、遗址和遗物，从而也确定了这道长城的年代和战国时燕国的北界（图5）。

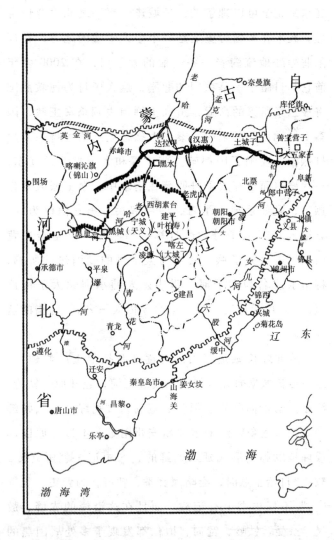

图5　辽宁境内古长

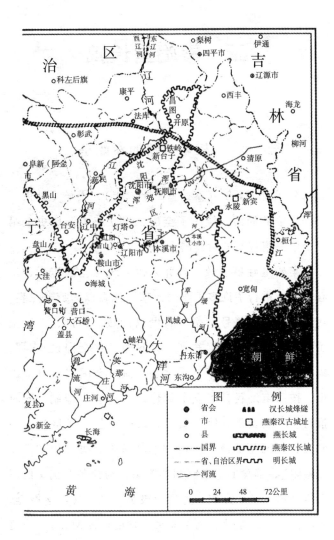

城走向示意图

二 秦始皇长城

 雄才大略的秦始皇

公元前221年（秦始皇二十六年），秦始皇结束了割据纷争的局面，统一了全国，建立起中国历史上第一个中央集权制的封建国家。

秦始皇姓嬴名政，自并六国、统一全国以后，雄心勃勃，进行了许多重要的改革。他自以为德兼三皇，功高五帝，故尊号皇帝，后世以计数，二世、三世至于万世。他吸取割据教训，废封建，在全国设36郡，集权于中央，即皇帝一人之手。命令全国据实申报田亩，按田亩纳税，确立了封建地主占有土地制，同时推行统一度量衡、统一货币、统一法制、车同轨、书同文、行同伦的改革。他"隳坏城郭、决通川防，夷去险阻"，消除旧诸侯割据的隐患。为控制全国，他还大筑驰道，"东穷燕、齐，南极吴、楚"（东达原燕、齐的河北、山东地，南至原吴、楚的江浙两湖），使道路四通八达。始皇自统一全国的第二年即出巡西北，至他死之年（秦始皇三十七年），11年中共5次出巡全国。东临渤海碣石，东南及会稽、钱塘，南极九疑山，西北至陇西、北地，以宣示强威，慑服海内。今在辽宁省绥中县和河北省北戴河的渤海之滨，发现有秦皇汉武的行宫遗址，并发掘出宫殿建筑基址和附属建筑遗址。绥中县姜女石遗址和北戴河秦行宫遗址分别于 1988 年、1996 年被列为全国重点文物保护单位。

以上这些措施都强有力地巩固了中央集权政治和促进了封建经济的发展。而秦始皇所建立起的封建体制对后世的影响也很大。不仅"汉因秦制"，而且中国两千年的封建制度基本上是秦制的延续、演变和完善。因此，秦朝虽短，却是中国历史上的一个重要时代。

秦始皇统一全国后，在开拓疆土、巩固边防上很有建树。

先秦时期，我国南方边陲仍是百越杂处的地方。生活在两广岭南的越民，被称为南越。他们披发文身，傍水而居，利于舟楫，各有种姓，好相攻击，虽然已进入了青铜时代，但生产力非常落后。在中原人的眼里，他们都是化外之民。秦始皇统一中国后，便大举进兵岭南，发卒 50 万分为 5 军，直捣番禺（今广州）。设桂林郡、象郡、南海郡，把今两广地区置于秦朝版图之内。秦始皇为进军运粮的需要，派史禄凿通灵渠，对广西的开发和农业发展有深远的作用。灵渠于 1988 年被公布为全国重点文物保护单位。秦始皇又不断地遣戍岭南，戍卒中大都是贫民、商人和有罪的人，他们与越民杂处，不仅使越人互相攻击的陋俗渐止，摆脱了生产落后、社会发展停滞的境地，而且促进了中原文化与岭南文化的交融。1983 年发掘的广州象岗西汉南越王墓，虽然还透着当地文化的落后性，但不可否认，南越在与中原经济文化的交流中已得到了很大的发展。秦始皇开拓岭南之功功不可没。

战国时，匈奴一直是我国北边的忧患。匈奴是游牧民族，逐水草迁徙，各部落时大时小，无文书，以言语为约束。匈奴人孩提时骑羊引弓射鸟鼠，稍长大则射狐狸、兔子。他们食畜肉，衣皮革，体魄强悍，人人都能弯弓控弦，人人都是好骑手、好骑兵。匈奴风俗贵壮健，贱老弱，壮者饮食居先，老弱食其剩余。父死，子娶后母为妻；兄弟死，娶其妻为妻。死后除随葬生活用具外，武器仍不离身，还埋葬羊、牛、马类牲畜的头和蹄。社会经济、文化生活远较中原落后。贫乏的游牧经济不能满足匈奴人生活的需要，掠夺就成了他们攫取财富的一种手段。为防御匈奴的侵扰，秦、赵、燕都修筑了长城。秦统一前后，匈奴有了部落联盟的最高首领单于头曼，这标示着匈奴社会正在逐渐走向奴隶制。秦始皇为保卫国家的安宁，不能无视匈奴的威胁。史传秦始皇为求仙人长生不死药，相信方士，方士卢生装神弄鬼，献上图书，上有"亡秦者胡也"之语句，可能原意是告诫始皇不要宠爱少子胡亥，始皇却误以为是指匈奴，因此，对匈奴加意防备。

为捍卫首都咸阳和关中畿辅之地的安全，秦始皇于三十二年（公元前 215 年）遣大将蒙恬发兵 30 万北击匈奴，收取了"河南地"，即咸阳北的黄河以南地区，现宁夏回族自治区和陕西北部的河套地区。为巩固新取地区，翌年沿黄河设 44 县，筑置亭障，迁徙罪徒充实新设的县，以加固边防。

秦始皇为了军事需要，于三十五年（公元前 212 年）让蒙恬开通直道，"道九原（九原郡治所，今内蒙古包头西，）抵云阳（今陕西淳化西北）"，"堑山堙谷，千八百里"。直道遗址今犹在。经近年复查，它南起于淳化甘泉山南麓林光宫北门（林光宫汉时重建，改名甘泉宫，遗址于 1996 年被公布为全国重点文物保护单位），北上沿旬邑县、黄陵县的子午岭走向富县、甘泉县、志丹县、安塞县、榆林市，穿越陕北黄土高原，进入内蒙古鄂尔多斯草原后，经伊金霍洛旗、东胜市、达拉特旗，以北跨黄河至包头市不见其迹。尚存遗址长约 698 公里。直道的修筑是逢山堑山，遇河谷平地则挖平夯筑，路面宽约 10～30 米，一些路段宽达 40～60 米，垫土厚 1～1.5 米。在子午岭西侧甘肃境内发现有直道的辅道遗址，它是从陕西旬邑北进入甘肃，沿正宁、宁县、合水、华池诸县复北入陕西，长约 300 公里。有的路段因地形关系，路面低于现地面，路面宽约 5～9 米，路面尚见车辙遗迹。直道两侧发现有秦汉时的行宫、城址、兵站、关隘、烽燧等遗址约 60 余处，以及大量的砖、瓦、瓦当、铜器、半两钱和弩机、刀、镞类兵器。《史记》记载，秦始皇在出巡途中，死于沙丘平台（今河北广宗西北大平台），辒车（即丧车）就是从井陉抵九原，取直道返回咸阳的。秦直道遗址于 2006 年被公布为全国重点文物保护单位。

秦始皇又使蒙恬发卒 50 万筑长城，对原北边长城可修缮的加以修治。西起临洮，东至辽东，长逾万里。秦始皇筑长城、沿黄河设县为塞、修直道，加强了北边塞防，使匈奴不得不北徙 700 余里，"胡人不敢南下而牧马"，确保了首都的安全和边郡人民的经济生活。

秦始皇是一位封建君主，他有雄才大略，对历史作出了贡献，但又是有名的暴君。他不能容忍不同意见，为了钳制人民的思想，以定一尊，他采用丞相李斯的建议，下令将历史书籍除秦所撰外一律烧毁；天下百姓凡藏有诗经、书、百家语者一律送至地方政府，一同烧毁；有敢于聚在一起谈论诗经、书者弃市（在集市上行刑）；以古非今者满族抄斩；官吏知情不报者同罪。令下 30 日不烧禁书，黥面输作"城旦"，即送往边境，白天警戒防寇，夜晚筑长城，刑期 4 年。只有医药、卜筮、种树的书籍属于不禁书。若要学法令，可拜吏为师。始皇的愚民政策遭到知识分子的反对，于是 460 余名所谓犯法儒生被活埋于咸阳，以惩天下。这就是有名的"焚书坑儒"事件。坑儒的地方在今陕西省临潼县城西南 10 公里的洪庆村一带，其地汉代名愍儒乡，唐玄宗诏改称旌儒乡，并建庙立碑。考古工作者曾涉足调查，发现有乱葬坟场和秦汉遗物，唐刻旌儒庙碑已毁，仅存残破的儒生石像。

秦始皇穷奢极欲，即位后就大兴土木。他扩建咸阳宫，端门四达，气宇昂轩，仿效天上紫宫，象天帝所居。在伐灭六国之时，每破一国，就将所掳获的诸侯美人和钟鼓乐器置于宫殿内享用，并拆毁诸侯国的宫殿，仿建在咸阳北坡上。统一全国后，他的欲望进一步膨胀。他以为咸阳人多，先王的宫廷小，于是在渭河之南上林苑中营造朝宫。据记载，前殿阿房宫东西宽500步（约合今750米），南北长50丈（约合今116.5米）。殿上可坐万人，阶下可建五丈旗。庭中可容10万人，用车骑巡酒，千人唱，万人和，场面十分壮观。阿房宫四周作阁道长廊，自殿下直抵南山，以南山之巅作为象征的阙。又建复道，南连阿房宫，北渡渭河，与咸阳相接，以拟天极阁道越天河抵营室的天象。关中东西800里，南北400里，离宫别馆相望。宫馆的木作上都裹以绨绣，土墙和地上都涂丹朱，十分富丽堂皇。计有离宫关中300座，关外400余座。这些奢丽的宫殿在秦亡后，项羽引兵西屠咸阳时被付于一炬。现阿房宫和咸阳城遗址分别于1961年和1988年被公布为全国重点文物保护单位。

始皇在即位之初便开始修筑陵园，共建了30余年。陵园是以咸阳宫廷生活为设计蓝图，规模恢宏雄伟。据记载，陵墓所用石材取自北山。当时有民谣唱道："运石甘泉口，渭水为不流，千人唱，万人讴。"多么凄凉的如诉如怨的控诉！修陵的木材乃是千里迢迢采自蜀（四川）、荆（湖北）诸地。地宫中满藏珍宝奇器，并设机关，如有人穿坟入内即射杀之。地宫中还有用水银造成的百川江河大海，上仿天象，下拟地理。今测试，地宫上的封土中有很强的汞（水银）异常反应，说明记载不妄。始皇陵园有城垣两重，蜚声海内外、被誉为世界奇迹的兵马俑坑即坐落于陵园东门外大道北侧,它可能象征守卫京师,即守卫陵园的宿卫军。始皇陵园于1961年即列入全国重点文物保护单位名单,自20世纪70年代后,考古发掘工作一直在进行中。

秦始皇不惜民力,建宫殿,造陵墓。据记载,仅为建阿房宫和骊山陵园(因陵园位于骊山之北,故名),就驱使了刑徒70余万人。又修长城,计用军兵和刑徒30~50万,伐戍岭南征发50万人。据估计,秦时可统计的人口约有2000万人,而被征发的各种徭役人数即300万人,占全国总人口的15%左右。徭役重,赋税更苛,征收田租约三分取二,"力役三十倍于古,田租、田赋盐铁之利二十倍于古"。生灵涂炭,民不聊生,政府又酷法相加,以致全国"赭衣(穿赭色衣的犯人)塞路,囹圄成市",几乎成了一座大监狱。农民起义,一触即发。秦始皇在缔造中央集权的封建帝国大厦的同时,又亲手造就了秦王朝的掘墓人。

 第一道万里长城

《史记·蒙恬列传》载,秦始皇三十二年(公元前215年)遣将军"蒙恬将30万众北逐戎狄,收河南。筑长城,因地形,用制险塞,起临洮,至辽东,延袤万余里"。这是我国历史上第一道万里长城。

秦始皇之前,我国北边已有秦昭王长城、赵长城和燕长城。始皇对这些长城是"可缮者治之",即加以修缮利用。此外,他也新建了规模可观的新长城。

蒙恬北逐匈奴，收取了河套以南的大片河南之地，原秦昭王长城已不能把它置于保护之内。而且这里靠近秦都咸阳，匈奴也容易从这里突破进犯。为确保首都安全，因势修筑新的防线十分必要。这就是《史记·秦始皇本纪》所载，自榆林（今甘肃兰州）傍黄河往东，至阴山，设置34县，城河上为塞，并沿线建置亭障。这一段长城首起临洮，自兰州北上傍黄河至内蒙古自治区临河县的防线，有人提出似未筑长城，仅是在扼险之地建城障，筑烽燧而已。但也有学者持不同意见，认为这段长城应沿贺兰山的东麓而筑，往北经乌兰布和沙漠至高阙，往南经腾格里沙漠边缘，过黄河，抵兰州，长城可能已陷入流沙之中。按史书载秦始皇长城西起临洮，应是今甘肃省岷县。由于在该地多次寻查也未见此长城之遗迹，所以有学者认为秦昭王长城之西端起点临洮县杀王坡应该是它的起点。但也有专家大胆推测：史书记载当无误，秦始皇长城应仍首起于今岷县西10公里处，傍洮河南岸，经卓尼县，北上过渭源、临洮、永靖诸县至兰州市，改沿黄河南岸经榆中、皋兰、靖远诸县进入宁夏回族自治区。在甘肃省境内，乃是利用洮河、黄河侧的高山峡谷为天然屏障，沿河修筑城郭、烽燧为塞防，有的地段则因地制险，堑山堙谷。沿河发现有的明代烽火台即可能是利用秦烽燧而改建的。长城在宁夏也仍未有发现。

长城北出贺兰山进入内蒙古自治区乌海市，它见于该市东北凤凰岭上，西距黄河约10余里。墙体为石块垒砌，存长约 30 公里，存高 0.5～1.5 米，残宽 2～3 米。周围遗物很少，曾拾得秦代灰陶片，所以有学者尚不敢肯定它的时代。这段长城所经卓子山、毛尔沟、苏白音沟等山沟里都发现有青铜时代的岩画。卓子山古称石崖山、画石山。郦道元在《水经注》中就记录过这些岩画。他说：石崖山"山石之上，自然有文，尽若战马之状，粲然成著，类似图焉。故亦谓之画石山也"。这些岩画现在依然保存，如毛尔沟的岩画，在岩壁上刻有太阳、月亮、星星诸天象和奔鹿、走马、群羊、骆驼、虎、狼等动物，还有巫师舞蹈、射猎等场面，构成一幅幅北方民族先民祭祀和生活的图画。长城从毛尔沟西的山冈下通过，因依凭峭壁、山形峻险，基宽仅 1.1 米。

长城北上渡过黄河至临河县，转向东，行进在狼山（阴山西段）中。今长城遗迹始见于临河县北乌拉特中旗境内石兰计山谷北西小山上。狼山群峰峥嵘，山口道道。长城修于各山口内 5～15 公里的地方，攀越蜿蜒在连绵不绝的峻岭上，用石片或石块垒砌，现基宽 3.5 米左右，残高 2.3～3.5 米。由于石块的石质含铁丰富，呈紫红色，远望犹如一条紫色飘带萦绕山际，惜两千年日曝雨淋，石头表面蒙上一层黑色或黑绿色杂质。汉代人曾描写河套以北边防"以河为竟（同境），累石为城，树榆为塞"。榆树早已不存，但这一带仍留下榆林塞或称榆溪塞的地名。

在长城南侧较平缓开阔的山脊上或重要山口，筑有座座烽燧，间距 300～500 米，石砌，有的呈径 10

米左右的圆形。如乌拉特中旗乌不浪山口就发现一座。该山口是河套平原和五原、包头通往山北的要冲。在石兰计山口两侧各有一座高峻的山峰，峰顶上也发现有烽燧遗址。这些烽燧遗址，当地牧民大部取有名字。如有一处三座烽燧彼此呼应的遗址，一座叫包力根嘎查，该烽燧的四周有一道石墙；它东面的一座叫森金阿玛；再东的一座叫朝鲁浩特，它的南侧相连建了一个院落。这三座烽燧平面作方形，顶部边长约 4 米，残高 1.5 米；院落也似方形，边长 7 米。在遗址内散布有陶器残片，是当时守边戍卒的生活遗物。

　　长城所经的狼山犹如一座岩画宝库，考古工作者在狼山的岩壁上发现岩画千幅以上，内容和主题同卓子山毛尔沟，技法也都是刻凿而成。郦道元也曾记述："（黄）河水自临河县东经阳山南，……经石迹阜西，是阜破石之文，悉有鹿马之迹。"阳山即狼山，因位于黄河北面，故有阳山之名。这些岩画是历代北方民族的劳动人民所作，其中不乏古代匈奴人的杰作。阳山岩画于 2006 年被列入全国重点文物保护单位名单之中。

　　长城过乌拉特前旗、固阳县便直插大青山（阴山东段）北麓。它比建于大青山南麓的赵长城北移约百余里，在攻守地势上，面对草原，背负山岭，居高临下，远比赵长城有利，这应是秦长城改线的原因。长城因地制宜，在武川南部穿越大青山至呼和浩特市北郊，便与赵北长城相接，再东行利用赵北长城可缮者治之。至卓资县西部又另筑长城。在大青山北麓，地势较为平坦，土层较厚，长城用夯土修筑。大青山里面，也有石构或者土石混筑的长城，主要用来封住山口的通山要道，一般都选在深入山口内 10 余里、山势较为陡峭的峡谷中，如呼和浩特市北的坝口子、小井沟，东至卓资县北部的许多山口，都有这种遗迹。石墙基现宽约 6 米，顶宽 3 米，存高 5 米。在山冈上也发现有以石为基址所筑的哨所和哨所附近的房子。房子不大，现存房基面宽 4 米余，进深 3 米余，门宽约 90 厘米，墙厚 80 ~ 85 厘米。在阴山长城以南发现有城障遗址，较大的有乌拉特前旗小佘太乡的增龙昌城址和固阳县银号乡的三元成城址，皆夯土筑城墙，周长 1.5 ~ 2 公里，开南门或西、南门。

长城继续往东延伸，至与察哈尔右翼中旗交界的灰腾梁西南山麓，折向南行，穿越大黑河后又往东行走于大山之中，以山为险，长城墙体断断续续经丰镇市西北、察哈尔右翼前旗南部、兴和南部，进入河北省怀安县和尚义县交界的桃沟村。在内蒙古境内长城东西横跨，总长约 1400 公里，其中为秦代所筑者约 600 公里。由于长城多是穿越于山脊上，墙体也大多用石块垒砌，以乌拉特前旗和固阳县境内保存最好，存高达 6 米，基宽 4 ~ 5 米。固阳秦长城遗址于 1996 年被公布为全国重点文物保护单位。

秦长城自河北桃沟村西北开始又利用了原赵北长城向东延伸，到尚义和万全交界地转向北，后又东北行再改为东行，至张北县黄花梁北，沿张北和崇礼县交界线走向东北，至海拔 2129 米的桦皮岭北坡入沽源县，后折向东南入赤城县骆驼砦。长城东北走，利用了燕北外长城经丰宁、围场出河北而进入内蒙古自治区赤峰市。长城在河北境内总长约 462 公里。在原赵北长城与燕北长城间为秦代所筑。墙体多系土石混筑，东段为夯土筑，破坏均严重，存高 0.3～1.5 米，残宽 2～3 米。

长城自河北进入内蒙古正是燕山山脉北向蒙古高原过渡的地带，南望是连峰叠嶂的燕山，北望地势逐渐变得平坦。长城跨越于山岗上，山岗土层丰厚，长城就地取土夯筑。长城在内蒙古、辽宁两省区走的是燕北外长城的线路，也就是说，秦始皇长城是基本上缮治了燕北外长城的。长城至内蒙古的赤峰市北，飞越于英金河北岸的岗峦层峰之中，经敖汉旗、奈曼旗，直抵牦牛河西岸，然后向北推移约 40 里，"因河为塞"。长城复起筑于牦牛河上源东岸牦石沟头，东行入库伦。长城出内蒙古自治区，进入辽宁省阜新、彰武、法库，渡辽河，经开原、铁岭、清原，南折向新宾、桓仁、宽甸（见图 5）。开原以远，长城遗迹不甚清楚，但沿线都发现有战国燕、秦、汉的遗址和遗物。如在铁岭城南约 50 里的新台子镇，发现一座大型燕、秦、汉时期的遗址。由于烧窑取土的破坏，它是否为城址已不易辨明。在这占地数万平方米的遗址中，出土了大量的建筑材料、农业生产工具、生活用具以及货币，诉说了它昔日的繁荣和作为边防居住点的地位。在桓仁雅河乡望江楼出土了燕国铁制生产工具锯和斧等。在宽甸双山子、太平哨、下露河等乡，发现了燕国窖藏，出土了大量铁农具和"明"刀币。这些遗址和遗物揭示了燕国的势力已及长白山脉西部。

这一段原本看做是蒙恬所筑的秦始皇长城，由于考古的发现，使人们对它有了进一步的认识。目前多数学者推测，河北省围场以东这条长城原应是燕北境的外线长城，它可抵鸭绿江南达燕的国界。燕北长城是以内外两条复线存在的。有人提出开原以东是以障塞形式延入朝鲜半岛的。秦始皇长城袭燕之旧加以修缮利用，汉也应当沿用了它。这一观点不仅有考古发现的遗迹、遗物为据，而且有史料可凭。

《史记·朝鲜列传》载：燕全盛时，曾拥有真番、朝鲜，配置官吏，筑障塞长城。秦灭燕，此地属辽东边陲。汉兴，因为它是远边难守，再次修复辽东故塞，至浿水为界。《史记》正义引《地理志》说："浿水出辽东塞外，西南至乐浪县西入海。"乐浪县即今朝鲜平壤市。《汉书·地理志》记乐浪郡下浿水说："水西至增地入海。"汉增地约当今新安州，浿水即今清川江。说明燕北外线长城已抵达朝鲜半岛的浿水侧畔，即今平壤北新安州附近。始皇长城直达朝鲜即承袭自燕。

始皇长城东抵朝鲜是有不少文献记载可证的。《淮南子·人间训》载：秦"因发卒五十万，使蒙公（蒙恬）、杨翁子将，筑修城。西属流沙，北击辽水，东结朝鲜"。《水经注·河水》说："始皇三十三年，起自临洮，东暨辽海，西并阴山，筑长城。"辽海即渤海，这里泛指辽东滨海之地。《水经注·河水》又说："始皇令太子扶苏与蒙恬筑长城，起自临洮，至于碣石。"

我国有"碣石"之名的地方有多处，该"碣石"位在
朝鲜。《通典》载："碣石山在汉乐浪郡遂城县，长城
起于此山。今验长城东截辽水，而入高丽，遗址犹
存。"高丽即指今朝鲜。《晋书·地理志》乐浪郡遂城
县下："秦筑长城之所起。"按遂城县在今朝鲜平壤南，
秦时属辽东郡。始皇长城直抵朝鲜半岛的碣石为古代
人所熟知，金代辽东诗人高宪作《长城》诗，数始皇
暴政，有句云：

> 生人膏血俱枯竭，更筑长城限裘褐。
> 卧龙隐隐半天下，首出天山尾辽碣。

"裘褐"是毛皮衣服，借指北方少数民族。高宪是
辽东人，对始皇长城的西端首起不甚明了，而对东端
"尾辽碣"是知晓的。还是明代大学士赵贞吉《临洮院
后半壁古城歌》中说得对：

> 秦城万里如游龙，首接洮河尾辽海。

秦始皇东段长城，也即燕北外线长城，在围场较
燕北内线长城北移约 50 公里，在东部相距有百里之
遥。它所经过的地区地貌复杂，有的地段长城行走于
平坦的地面上，有的地段则要跨山越谷，起伏飞腾于
万山丛中。长城的修筑就地取材，有夯土墙，有石墙，
也有土、石合筑的，凡因山和河有险可凭的，则加利
用，即所谓山险墙，甚至不予筑墙。

79

在长城沿线发现有不少的烽燧遗址与城障遗址。城障一般位于长城南面，较重要的有赤峰五里岔、蜘蛛山、水地、三眼井、撒水坡、敖汉旗七道窝铺、白塔子、车罗城、喇嘛扳、荷叶、奈曼旗西土城子、善宝营子、宽甸县小挂房村等。赤峰蜘蛛山城址位于市北英金河畔，北距长城 15 里，应是燕、秦时屯驻戍卒的边城。重要的是在城址内曾出土一件刻有秦始皇诏书的陶质量器，诏书曰："二十六年，皇帝尽并兼天下诸侯，黔首大安，立号为皇帝，乃诏丞相状、绾，法度量则不壹，歉疑者，皆明壹之。"说明这件文物是秦始皇统一度量衡颁行天下后所核准的标准器。诏书中的"二十六年"是秦始皇统一中国之年，也是颁布统一度量衡法令之年。"黔首"是当年始皇更名百姓的称呼。始皇迷信"终始五德"之说，以为秦得水德，以黑为上，百姓要用黑布包头，称作"黔首"。丞相状，应姓隗，绾姓王。器身刻秦始皇二十六年诏书的陶量在奈曼旗善宝营子城址中也有出土。在赤峰市南三眼井村的秦代遗址中也发现一件器身铸有秦始皇统一度量衡诏书的铁权（衡器砝码）（见图6）。辽东地区是秦时的东北边陲，发现度量衡中的标准器和衡器，可见秦法

图6　秦铁权、始皇二十六年诏书（拓片）

在全国的推行是强有力和坚决的。

赤峰撒水坡城址傍英金河北岸，北距长城 1 里余。城内有燕、秦、汉时期遗物。城外发现多座墓葬，死者为男性，无长物随葬。这种墓葬在长城沿线常能见到，他们应是当年修筑长城的劳役或守边戍卒之墓。

宽甸县城东北，浑江上游北股河与半拉江汇合处的小挂房村有一座秦代遗址，出土许多重要遗物，其中有兵器铜戈两件及秦"一化"圜钱。一件铜戈上浅刻有"元年丞相斯造，栎阳，左工去疾、工上□□"与"石邑，武库"铭文。元年，应是秦二世元年；丞相斯姓李，李斯其年为丞相。据文献记载，栎阳曾是秦迁都咸阳前的都城（秦献公二年至秦孝公十二年，即公元前 383 年～前 350 年），其后为县，位于今陕西省临潼县武屯乡。栎阳城遗址于 2001 年被公布为全国重点文物保护单位。左工、工是工种，去疾是工匠名，秦时实行"物勒工名，以考其诚"，制器工匠要对产品质量负责。石邑，地名；武库，储存武器的仓房。该戈曾储放于石邑武库中。铭文是前后两次刻就的。兵器及货币的发现，印证其地确是秦代的边防前哨。

 蒙恬和扶苏

蒙恬和扶苏是秦王朝除秦始皇外与长城关系最为密切的两个人，他们一生的主要业绩是修建和监修长城，而且都屈死在长城边上。

蒙恬的祖先是齐国人。祖父蒙骜从齐国来到秦国，任官至上卿，在征伐六国中，为秦将，率兵攻韩、赵、魏诸国，战功累累。父亲蒙武也是秦将，与王翦攻楚，杀项燕（项羽的祖父），掳楚王。蒙恬因家世武功显赫继为秦将，在统一战争中也是功勋卓著，甚得始皇倚重。秦并天下后，派遣蒙恬将30万兵北逐匈奴，收取黄河以南大片土地，又令蒙恬修筑万里长城。蒙恬率师在外10余年，威震匈奴。西汉贾谊评价蒙恬修长城的功绩说："蒙恬北筑长城而守藩篱，却匈奴七百余里，胡人不敢南下而牧马，士不敢弯弓而报怨。"（《史记·秦始皇本纪》）

始皇不仅信任尊宠蒙恬，而且亲近蒙恬之弟蒙毅。蒙毅位至上卿，出入伴随始皇左右。蒙恬在外将兵掌军权，蒙毅居朝为谋议，蒙氏权倾朝野，诸将领和丞相大官都不敢与蒙氏抗衡。

树大招风，权大招恨。在当时，朝廷中有名赵高者，据说是赵国的支裔，因父亲犯罪被判处宫刑，母亲沦为官奴婢。她与人私生赵高兄弟数人，因此被刑僇（音 lù），家世卑贱。始皇听说赵高强壮有力，又懂狱法，让他当中车府令，管理皇帝的车马出行。他暗地里百般勾结公子胡亥，教胡亥决狱，成了胡亥的亲信。赵高因胡作非为而犯大罪，始皇令蒙毅以法治之。蒙毅不敢徇私违法，判赵高死罪，而且从官吏簿上除名。但始皇却以为赵高平日做事干练，赦免了他，仍然让他任中车府令，侍驾左右。赵高却因此事对蒙氏怀恨在心，伺机报复。这就为蒙氏兄弟日后的罹难屈死埋下了祸根。

扶苏是始皇的长子，为人仁爱敦厚。他对始皇的专断和暴虐看不下去，屡屡进谏。始皇在焚书后，因为方士侯生和卢生为始皇求长生不老仙药而不得，相偕逃走，龙颜大怒，以为儒生散布妖言扰乱民间，将460余人活埋于咸阳。扶苏为儒生求情，谏道："天下初定，边远地区百姓尚未归附，儒生都是读孔子书、循经蹈轨的，今以重法惩处，我怕天下不安。"始皇不但不听，反而将扶苏遣往上郡（郡治在今陕西榆林东南，或说在今绥德东南），作蒙恬的监军。从而使扶苏也和长城结下了不解之缘。

始皇三十七年（公元前 210 年），始皇第五次出巡，也是最后一次出巡。随同巡行的有左丞相李斯、少子胡亥和蒙毅、赵高等人。十月从咸阳出发，出武关，循丹江、汉水下，十一月至云梦（今湖南洞庭湖、湖北洪湖一带水泽名，古代江北称云，江南称梦，并称云梦），遥望祭祀虞舜于九疑山（又名苍梧山，在湖南宁远南）。又从长江东下至钱塘（今浙江杭州），上会稽山（今浙江绍兴东南），祭大禹，在会稽山上刻石，歌颂秦德。然后北上渡江，抵琅邪。在山东省沿海一带，他进行了祈求仙药的活动，结果什么也没有得到。

车驾至平原津（今山东平原南），始皇因不堪长途劳顿，就病倒了。他忌讳说死，群臣更不敢讲，但病情日益恶化。始皇自知不久于人世，于是作玺书赐公子扶苏，让他奔丧到咸阳，参与葬礼。封书交与赵高，书未发出，始皇已崩于沙丘平台。

丞相李斯认为皇帝死于京城外，又未立太子，倘使诸公子或天下知道恐怕会有变乱。于是商定，对始皇晏驾秘而不宣，把尸体放在辒凉车中，每日供奉和奏事都和往常一样，宦官从辒凉车中传出假装皇帝批准的奏章。这时正值七月暑天，辒凉车中臭气阵阵，为怕臭气外溢泄露秘密，令车里载一石（合60公斤）鲍鱼，以乱其臭。这事仅限于胡亥、赵高和亲近宦官五六人知晓。于是一场宫廷政变的阴谋开始酝酿并付诸实施了。

赵高留住始皇赐扶苏玺书，自忖平生和胡亥最好，想立胡亥为皇帝；而且心中怨恨蒙毅曾治自己的罪而不袒护他，想借机杀掉蒙氏兄弟。他挑唆胡亥说："皇帝崩没有诏书封你们几个儿子为王，只单独赐长子扶苏书，扶苏即位为皇帝，而你们无尺寸之地，将来对扶苏称臣，日子不好过。现在诏书还在我手，天下的权授与谁，决定在你、我与丞相。你当皇帝或当臣子，那是不可同日而语的。"胡亥起初认为这样做是不义、不孝、不道德的，怕天下不服。赵高威胁说："你顾小忘大，后必有害，狐疑犹豫，后必有悔。"胡亥喟然答应。

赵高深知这等大事还需取得丞相同意，不然是办不成的。于是他对李斯说："始皇所赐扶苏书和符玺现在胡亥手，定太子在你和我的一句话。"李斯愕然，说这是亡国之言。赵高逼问他："你与蒙恬在才能、功劳、谋略、民望及同扶苏的关系上能相比吗？如若扶苏即位必用蒙恬为丞相，你得解职还乡。始皇有20余子，胡亥仁慈笃厚，轻财重士，最宜为嗣。"李斯禁不住私欲的诱惑，垂泪听从赵高。

于是赵高、胡亥、李斯三人诈称始皇诏丞相，立胡亥为太子，更换始皇赐长子扶苏书，遣亲信送至上郡。伪赐书说："扶苏与蒙恬将兵数十万在边境10余年了，劳民伤财，无尺寸之功，反而多次上书诽谤我，因不能回朝为太子，日夜怨恨。扶苏为人子不孝，今赐剑自裁。蒙恬同扶苏在外，不规劝，为人臣不忠，今赐死。"扶苏见书哭泣，欲自杀。蒙恬疑其有诈，说请示后再死也未晚。然扶苏为人仁慈，说父赐子死，怎能再请示？在来使的催促下便自杀了。蒙恬不听命，被囚于阳周（今陕西绥德西）。使者还报，胡亥、李斯、赵高大喜。至咸阳，发丧，胡亥即位为二世皇帝。

胡亥见扶苏已死，打算释放蒙恬，赵高定要灭蒙氏，因此不同意。在囚禁蒙恬的同时，赵高怂恿胡亥，也囚禁了蒙毅，后以"莫须有"的罪名杀了蒙毅。二世又遣使至阳周，逼蒙恬，蒙恬辩白申诉无效，叹道："我罪当死。筑长城，起临洮属之辽东，城堑万余里，此其中不能无绝地脉哉？此乃恬之罪也。"于是吞毒药自杀。

100年后，司马迁考察北边，白直道回长安。沿途见蒙恬所修长城亭障，堑山堙谷，通直道，工程浩大，不惜民力。慨叹秦初灭诸侯，天下之心未定，蒙恬既为名将，不强谏，使与民休息，却阿意兴功，结果兄弟被诛，也是应当，为什么要怪地脉呢？1800年后的清康熙帝也有感赋诗《蒙恬所筑长城》曰：

万里经营到海涯，纷纷调发逐浮夸。

当时用尽生民力，天下何曾属尔家。

　　司马迁、康熙从爱惜民力、同情百姓的角度对蒙恬修筑长城表示叹息、谴责和讥讽，但人民对扶苏、蒙恬的屈死还是给予了同情。扶苏墓在今陕西省绥德县城内疏属山巅，墓冢呈长方形，现高约8米。后人在墓前立"秦扶苏墓"石碑一通，在冢顶建八角亭一座。绥德县北约1公里处有月宫寺，传为扶苏赏月处，寺内有唐宋以来名人题咏刻石。再北约两公里有一处呜咽泉，相传扶苏赐死于此。唐胡曾《杀子谷》诗有"至今谷口声呜咽，犹似当年恨李斯"。泉名和诗透着哀怨凄凉。蒙恬墓在今绥德县城西南约0.5公里处大理河北岸。相传墓冢由将士掬土筑成，呈圆丘形，高约20多米，墓前有清道光二十八年（1848年）立"秦将军蒙恬墓"碑。至今在甘肃、宁夏、陕西、内蒙古诸省和自治区的长城沿线流传有不少关于扶苏、蒙恬的传说故事，尤其是绥德，传说更多，亦极为感人。它们的存在反映了人民对这两位古人所遭不幸的怜悯和对赵高、胡亥、李斯之流的鞭挞。近年有人对扶苏、蒙恬墓提出怀疑，是与不是只能留待后人考古解决了。

4　孟姜女的传说

　　孟姜女的传说在我国流传千余年，妇孺皆知。它是我国民间文学中最富人民性、斗争性，最具生命力的优秀传说之一。

据说，秦始皇北筑长城，民夫杞梁不堪奴役，便逃跑了。他为躲避追兵，逃到孟超家后园的树上。这时，孟超的女儿仲姿正在水池中沐浴，她抬头一看，见有人在树上，便唤他，问："你是什么人，为什么躲在树上？"杞梁说："我姓杞名梁，是燕地人（属战国燕国地域的人古时称燕人），因被征劳役去筑长城，不堪辛苦，所以逃到这里。"仲姿说："我嫁给你，作你的妻子吧！"杞梁说："姑娘生在富裕之家，处于深闺，容貌艳丽，怎可作劳役人的配偶！"仲姿说："女人的身体不能再被丈夫以外别的男人看见，你不要推辞了！"于是就把发生的事情告诉了父亲，父亲许婚。夫妻礼毕，杞梁回到筑长城的地方。官吏怒他逃走，将其鞭挞至死，并筑在长城中。孟超不知杞梁已死，派仆人去代杞梁服役，遂知详情。仲姿闻知，一路悲咽去寻夫。到长城脚下，她面对长城号啕大哭，长城为之崩塌，见死人白骨交横，不知哪个是杞梁骨殖，仲姿便刺手指血滴入白骨中，说："若是杞梁骨，血可流入。"果然血滴至杞梁骨骸上，便流入了。仲姿便包上骨骸归葬了。

这一故事大约形成于南北朝末期，《琱玉集》所引《同贤记》中有较完整的记录。《琱玉集》在我国已久佚，流落于日本的现仅存两卷。真福寺所藏抄本的卷末有"天平十九年岁在丁亥三月写"字样，日本天平十九年即唐玄宗天宝六年（747年），该书卷当是日本人从中国携去的。《琱玉集》成书应在唐初，而记载仲姿哭长城的《同贤记》与故事的形成应该更早一些。这时故事中的男主人公名杞梁或杞良，女主人公名孟仲姿，未叫孟姜女。

秦始皇筑长城，"道路死人以沟量"，百姓骚动，有民谣唱道：

> 生男慎勿举，生女哺用脯。
>
> 不见长城下，尸骸相支拄。

民谣一反中国的传统思想，生男孩勿抚养，生女孩用肉脯喂，因为长城之下尸骸狼藉，男子的命运如此！多么沉痛的呼喊。汉筑长城，也是民怨沸沸。南北朝筑长城，同样给人民带来苦难。人民要安居乐业，反对过重的劳役。故事的产生和形成反映了人民的心声，是有其历史背景的。

但这故事不是真实的历史。有关秦代的历史记载中无此故事的只言片语可凭，长城中也未筑入死者。故事演义至这种面貌已有千年岁月。学者们研究，故事之源可追溯至春秋时齐国的杞梁妻。

《左传》记载，鲁襄公二十三年（公元前550年），齐庄公伐莒（小国，领土有今山东安丘、诸城、沂水、莒、日照等地，国都在莒，即今莒县）。杞梁为齐先锋，为莒所俘而死。庄公回师在郊外遇见杞梁妻，向她吊唁，她辞却说："若杞梁有罪，君不能吊，倘使无罪，还有祖先的敝庐在，我不该在郊外接受你的吊唁。"齐侯便到她的家吊唁。记载中，杞梁妻是一位谨守礼法的妇女。

过了 200 年，《礼记·檀弓》亦记了这件事，但加上了"其妻迎其枢于路而哭之哀"句。《孟子·告子》记淳于髡的话"杞梁之妻善哭其夫而变国俗"，都在"哭"字上做了渲染。

西汉晚期，故事逐渐由杞梁妻的悲哭而演衍至崩城了。大学问家刘向在《说苑》里说，杞梁战死，其妻闻之，向城而哭，城隅被哭崩。刘向在《列女传》中记得更详细。他引述了《左传》所载情节后进一步说：杞梁妻没有儿子，内外又无亲戚，没有归处。她抚丈夫尸体在城下悲哭，真情感人，路过的人无不为之挥涕流泪。哭了 10 天，城为之崩。埋葬丈夫后，她说：我无归处了，妇女所依靠的，父在靠父，夫在靠夫，子在靠子。吾上无父，中无夫，下无子，只有死而已，于是投淄水死。刘向作诗歌颂她：

> 杞梁战死，其妻收丧。
>
> 齐庄道吊，避不敢当。
>
> 哭夫于城，城为之崩。
>
> 自以无亲，赴淄而薨。

刘向为宣扬封建礼教、烈女贞妇，把杞梁妻的故事推前了一大步。东汉时蔡邕为之作曲抚琴，名为《芑（杞）梁妻叹》。一些文人也引典记述，故事情节相仿，只是在所哭倒的城看法相左。刘向记杞梁妻投淄水死，所哭倒的城应是临淄齐城。北魏郦道元《水经注》中说是莒城。东汉王充《论衡》、西晋崔豹《古今注》说是杞城（今山东昌乐）。至《同贤记》却干脆说是长城，并给故事赋予了与长城有关的内容，杞梁夫妇变成了秦朝人，杞梁妻有了姓名孟仲姿。这一转变在唐代僧人贯休《杞梁妻》诗中仍看得很清楚：

> 秦之无道兮四海枯，筑长城兮遮北胡。
> 筑人筑土一万里，杞梁贞妇啼呜呜。
> 上无父兮中无夫，下无子兮孤复孤。
> 一号城崩塞色苦，再号杞梁骨出土。
> 疲魂饥魄相逐归，陌上少年莫相非。

孟姜女的名在唐代以后就出现了，而且增加了寻夫送寒衣的内容。在今法国巴黎国家图书馆所藏敦煌写本中有一首小曲，其词曰：

> 孟姜女，
> 犯（杞之误）梁情，
> 一去烟山更不归。
> 造得寒衣无人送，
> 不免自家送征衣。
> 长城路，
> 实难行，
> □□山下雪纷飞。
> 喫酒则为隔饭病，
> 愿身强健早还归！

该写本的年代约当晚唐至五代，最迟不过宋初。孟姜女是齐国美女名，孟姜女仍不脱杞梁妻的影子。

不过，把孟姜女（杞梁妻）故事的原型追溯至春秋时齐国杞梁妻身上不是人人都能同意的。明末清初的顾炎武在《日知录》中就提出疑问，甚至讥讽贯休"竟以杞梁为秦时筑城之人，似并《左传》、《孟子》而未读者矣"。现中外学者亦有予以否定的。

孟姜女的故事自宋至清有很大的发展。它除诗、词外，还被编入话本、戏曲、杂剧、弹词、鼓书、唱本、曲调等流播全国。故事的情节也愈来愈丰富，又因受佛教思想的影响，有的情节颇为离奇。这一时期变化最显的有：杞梁名已被演化为范梁、范杞梁、范杞良、范杞郎、范希郎、范士郎、范郎、万喜良、万杞良等。据专家分析，范姓可能是由杞—犯—范转化而来的，万姓乃地方方言所致。各地以孟姜女、范杞梁尤其是孟姜女为荣，纷纷把他们变为自己的乡亲。因此，孟姜女的出生地有了山东长清，河北徐水、安肃、山海关，陕西同官（今铜川），甘肃华亭，河南雍丘，湖南澧州，浙江乍浦，江苏松江等；范杞梁的出生地有河南灵宝、陈州，浙江余杭，江苏姑苏（今吴县）等，不一而足。秦始皇追捕万喜良，一说是因为长城中需要筑进1万人才能坚固。太白皇降下童谣："姑苏有个万喜良，一人能抵万民亡，后封长城做大王，万里长城永坚刚。"孟姜女寻得夫骨后，有说她负骨归，至潼关时力竭而死，潼关人替她立了庙。又一说她负骨沿北洛水南奔，追兵将至，她逃避在北高山

（今陕西铜川北 50 里处），渴极了大哭，忽地下涌出泉水，水声似呜咽，故名哭泉，又因是她节烈之气所感，故名烈泉。她继续往前，追兵紧随，正危难之际，忽山峰转移，遮住了她，这山因此名女回山。孟姜女走到同官水湾，气力已竭，就把夫骨放在西山（一作金山）石穴中，自己坐在旁边死了。当地人敬重她贞烈，就地将她埋葬，并塑了夫妇两像，立庙祭祀。今铜川留有姜女庙遗址和哭泉之地名。

传说中，孟姜女与秦始皇的纠葛情节是这一时期尤其是明清以来的重要内容。话说孟姜女哭倒了长城，认出了夫骨，正待负骨回家，被官吏解送到金殿，始皇见她貌美，就想霸占她，封她为皇后。孟姜女迫不得已，提出了三个条件。《孟姜仙女宝卷》中记这三个条件是：

　　　　长桥地方有长城，
　　　　十里阔来十里长，
　　　　十里方圆造丘坟。
　　　　坟前要造万王庙，
　　　　春秋二祭永长存。
　　　　造成丘坟并王庙，
　　　　御驾亲身祭王坟。

不料这造坟、立庙、御祭的三个条件，始皇竟满口答应。孟姜女却坚贞不屈，当条件一一实行之后，孟姜女即投海殉夫了。

宋代以后，不仅孟姜女传说的民间文学流行，而且立祠立庙之风大兴。这些祠庙在长城沿线有，在孟姜女夫妇如许的出生地也有，甚至全国各地也常见。如在山东长清、章丘，河北徐水、安肃、山海关，密云古北口，陕西韩城、铜川、潼关，河南杞县、雍丘，山西浑源、潞安，湖南澧县、临澧、嘉山，辽宁绥中等地，都立有姜女庙或姜女祠、烈女祠、范郎庙。杞梁故宅（在今山东益都）、孟姜女故宅（在今湖南澧县、乍浦）、孟姜女故里（在今山东长清）、望夫石（在今湖南澧县、山海关、山东临淄）、孟姜女石上手迹（在今陕西韩城大崩村）等所谓遗址、遗迹也不断出现。但最著名的莫过于山海关的姜女庙、姜女坟。

山海关姜女庙又称贞女祠，相传建于宋前，明、清均加修葺，并立碑记重修经过。庙位于山海关城东6.5公里的凤凰山上。庙前有108磴石级直通山门，红色庙墙随山就势起伏跌落，内有前殿、后殿、钟鼓楼、振衣亭和望夫石。正殿门前廊柱上挂有一副对联：

海水朝朝朝朝朝朝朝落，

浮云长长长长长长长消。

对联用字非常巧妙，是一副名联。乍一看不得要领，若加念读便释然了。据说现已有7种念读法，最通常的读作："海水潮，朝朝潮，朝潮朝落；浮云长，常常长，常长常消。"

正殿内原供奉孟姜女塑像。两旁柱上有楹联：

秦皇安在哉？万里长城筑怨。

姜女未亡也，千秋片石铭贞。

传说此联系文天祥手笔。两壁嵌清人碑刻，其中有康熙、乾隆、道光、嘉庆的御笔诗题。后殿供观音。殿后有天然巨石，刻"望夫石"三字与乾隆诗句。石上有一串小坑，传说这是孟姜女望夫所踏脚印，也有说是孟姜女送寒衣在望夫石上捣衣留下的乱杵迹。石后振衣亭，相传是孟姜女更衣梳妆之所。

康熙帝于康熙二十一年（1682 年）第二次东巡住山海关时，曾作《姜女祠》一诗颂孟姜女：

朝朝海上望夫还，留得荒祠半仞山。

多少征人埋白骨，独将大节说红颜。

姜女坟在老龙头海岸东南 10 海里处，有巨石突出海面，高者似碑，低者为墓。初冬坟石四周水稍涸，有大雁翔集于上，鸣声悲咽，因此有"姜坟雁阵"之名。相似大小两礁石耸立海面，被称作姜女坟的还有辽宁省绥中县的一处。姜女坟礁石也被名为"碣石"。

孟姜女只是一个传说中的人物，她的传说历千余年而不衰，这是与中国封建社会的阶级压迫、阶级矛盾有关的。在封建社会，人民担负的徭役非常沉重；连绵不断的战乱又使百姓颠沛流离；边境的骚扰、戍边筑长城，也几乎贯穿了整个封建社会的历史。人民多么盼望安宁的生活！秦始皇是有名的暴君，人民不能怨恨咒骂当朝皇上，只能把所有怨气倾泻到秦始皇的头上。宋朝以后，人民的处境没有改善，阶级矛盾仍然存在，而民间文学的勃兴使孟姜女传说得到了丰富的发展和传播。宋代理学兴起，提倡三纲五常、忠孝节义，孟姜女便成了贞烈女子的代表，为她建祠立庙，赋诗作文，为她一洒同情泪，甚至封建皇帝也加入了歌颂的行列。人民争说孟姜女与统治阶级颂扬孟姜女，各有各的目的，各有各的心态。

秦始皇筑长城的功和过

对秦始皇筑长城的评价，后人毁誉不一。如同是唐朝进士、诗人的汪遵和褚载，各赋《长城》诗，观点针锋相对。汪遵《长城》诗云：

秦筑长城比铁牢，蕃戎不敢过临洮。
虽然万里连云际，争及尧阶三尺高。

褚载《长城》诗却另是一种评价：

秦筑长城比铁牢，蕃戎不敢过临洮，
焉知万里连云色，不及尧阶三尺高？

"尧阶三尺高"是指传说时代唐尧帝的宫殿陛阶仅高3尺，他有德行，能让四夷服。汪遵说，秦始皇筑长城也比不上三尺阶的作用，褚载却肯定了长城防御匈奴入侵的作用。

由于始皇驱赶人民修筑长城，死伤无数，所以历代谴责的多，如孟姜女的故事就道出了人民的心声，知识阶层也纷纷作诗鞭挞，甚至谓秦筑长城似筑冤。如唐王无竞在《北使长城》诗中写道：

> 秦世筑长城，长城无极已。
>
> 暴兵四十万，兴工九千里。
>
> 死人如乱麻，白骨相撑委。
>
> 殚弊未云悟，穷毒岂知止。

唐罗邺《长城》诗曰：

> 当时无德御乾坤，广筑徒劳万古存。
>
> 谩役生民防极塞，不知血刃起中原。
>
> 珠玑旋见陪陵寝，社稷何曾保子孙。
>
> 降虏至今犹自说，冤声夜夜傍城根。

又唐人鲍溶《长城》诗中云："蒙公虏生人，北筑秦氏冤。……枯骨贯朽铁，沙中如有言。"苏拯《长城》诗中云："嬴氏设防胡，烝沙筑冤垒。……运畚力不禁，碎身沙碛里。"

宋汪无量《长城外》诗中云：

> 君看长城中，尽是骷髅骨。
>
> 骷髅几千年，犹且未灭没。

空衔千年冤，此冤何时雪。

祖龙去已远，长城久迸裂。

叹息此骸髅，夜夜泣秋月。

（祖龙指秦始皇）

元周权《长城》诗中云：

长城峨峨起洮水，盘踞蜿蜒九千里。

朔云浩浩天茫茫，悲笳落日腥风起。

犹传鬼神风雨夕，知是当年苦苛役。

征人白骨掩寒沙，化作年年春草碧。

祖龙为谋真过计，自成限域非天意。

明代骂声稍息，也不及前代尖锐，可能是因为明代也筑长城，文人墨客怕有借古讽今之嫌，罹杀身之祸。

清代也有因怀古而抨击始皇筑长城的，如陈天植《长城知圣楼》诗云：

长城万里海天愁，怀古登临醉倚楼。

当时祖龙空筑怨，不知遗恨几千秋。

西汉时，政治家们论秦朝之所以灭亡，筑长城与伐岭南是重要原因。《汉书·张耳陈余传》说："秦为乱政虐刑，残灭天下，北为长城之役，南有五领（岭）之戍，外内骚动，百姓罢敝。"《汉书·晁错传》说："秦时北攻胡貉，筑塞河上，南攻杨粤，置成卒焉。……故功未立而天下乱。"《史记·主父偃列传》中提到，严安上书也说此二事，说是："当是时，秦祸北构于胡，南挂于越……行十余年，丁男被甲，丁女转输，苦不聊生，自经于道树，死者相望。及秦皇帝崩，天下大叛。"可见秦筑长城旷日持久，劳民伤财，不仅青壮年男子要披甲上阵，青壮年女子也要参与运输，自缢于路边树上的死者，不多远就有一个，他（她）们都能相望。扰民至深，促使天下动乱，陈胜、吴广揭竿而起。秦筑长城是自筑天下之冤，成了秦亡的一副催化剂。

始皇筑长城虽遭后人唾骂，但以当时的边境形势论，又是不可不为的。秦时的匈奴部落联盟产生了第一个单于——头曼单于，把原处于分散状态"自有君长，然莫能相一"的各部落统一起来，它的掠夺破坏性更大了。当时，东北边陲的东胡也很强大，时时寇犯边境。为了保护秦境的农业生产、国家安全，修筑长城，派兵守藩篱是完全必要的。史书记载，由于秦采取了防御措施，"头曼不胜秦，北徙"，"却匈奴七百余里，胡人不敢南下而牧马"。后人也有诗句予以公正评价，认为这给边境带来了宁静和安定，也有利于后世。如明陈颧《长城》诗中道：

漠漠黄沙万里城，昔人曾此驻秦兵。
旌旗影动胡尘没，笳鼓声寒塞月明。

清马恂《长城歌》写道：

亭障罗列百万兵，牧马无人七百里。

英雄举事必无穷，害在一时利万纪。

　　始皇筑长城是出于形势的需要和必然，而且也的
确起到了阻挡落后民族侵扰、保卫国家的作用。在河
套以北至阴山一带设置 44 县，又鼓励迁徙内地 3 万户
人家到北河、榆中（今内蒙古伊金霍洛以北）屯垦，
巩固和开发了边境，这都是他的伟大功绩。但也不能
否认，长城的徭役骚动全国，给人民带来苦难。据西
汉《淮南子·人间训》、《史记·主父偃列传》说，秦
始皇筑长城，暴兵露师 10 余年，死者不可胜数。又使
国内运送粮草，有的来自东海之滨，车运至北河（黄
河河套），因路上食费，30 钟（合 19.2 石）只剩下 1
石，男子勤耕也不足交粮饷，女子快速纺织也不足做
帷幕。孤寡老弱得不到供养，有病得不到治疗，死亡
也不得安葬，官吏却拿着畚箕在大街敛钱，人民已无
生路。俗语说："水能载舟，也能覆舟。"人民是水，
过分地压榨人民，终使秦王朝覆舟于农民起义的浪潮
之中。

三 西汉长城

 ## 汉匈形势和关系

秦始皇死后，蒙恬被诛，天下叛秦，中国陷于各强纷争之中。而秦时所遣徙戍边的战士和贫民陆续离去，边境失去戒备，于是匈奴遂又南侵。

在中原处于多事之秋时，匈奴也经历了一场大的变化。公元前 209 年（秦二世元年），头曼太子冒顿（音 mòdú）弑父自立为单于，他统兵东向袭破东胡，掳取东胡人和畜产，占有了兴安岭、辽河上游地区；西击走月氏（音 yuèzhī，在今甘肃西境），并征服楼兰（在今新疆若羌）、乌孙（在今甘肃祁连、敦煌间）等20 余国，祁连山、天山一带都归其所有；北败浑庚、屈射、丁零、鬲昆、薪犁诸国，拓地远至贝加尔湖；南并楼烦、白羊河南王，收复了秦蒙恬所夺匈奴地，与中原为敌，甚至兵至朝那（今宁夏固原东南）、肤施（今陕西榆林东南），侵入燕、代地。兵到之处，所向披靡，声称"控弦之士三十余万"、"诸引弓之民，并为一家"。在冒顿统治的三四十年间，匈奴建立起了强大的军事奴隶制国家。匈奴为统治这偌大的地域，将领土分为左、中、右三部：左部居东方，正对着上谷郡，东接秽貉、朝鲜，由左贤王主治；右部居西方，正对着上郡以西，接月氏、氐、羌，由右贤王主治；中部正对着代郡、云中郡，由单于直接统治，单于驻地称龙庭。它们仍然是逐水草移徙，不建城郭。

其时匈奴保留了许多奖励军功的传统。凡在攻战中斩敌首者赐一杯酒，所掠获的战利品都归其所有，俘虏为其奴婢。所以匈奴人攻战取利非常勇敢。但中原一方，由于始皇暴政，元气大伤，又经汉刘邦和楚项羽长时间的相争，以致兵革罢敝。在骁勇的匈奴人面前，刚建立的汉王朝只有招架之功，而乏还手之力。胡骑长驱直入，连年侵扰雁门、云中、定襄、五原、代、太原、上谷、燕、渔阳、辽西、河南地、上郡、陇西，杀人畜产，斩太守、都尉，辽东、河北、山西、陕西、宁夏、甘肃一线边境都受到侵扰和破坏。匈奴"小入则小利，大入则大利"。而汉初叛王反将韩王信、燕王卢绾、赵相国陈豨等都与匈奴勾结，为虎作伥，施害于人民。

汉高祖六年（公元前201年），韩王信反，与匈奴相约攻汉。翌年，高祖亲自带兵32万人大破韩王信。信逃亡入匈奴，与冒顿联兵。两军在广武以南至晋阳、离石等地展开激战，匈奴兵败走至代郡上谷县，高祖兵居晋阳。这时适值严冬大寒，士卒十之二三人的手指被冻坏。高祖派人去侦察匈奴，匈奴把壮士和膘肥牛马都藏匿起来，只显露老弱士兵和瘦小牲畜，派去的10余人回来都说匈奴可击。高祖于是军进平城（今山西大同），出白登山（平城东北7里），却遭到匈奴40万骑兵的层层包围。高祖暗使人给冒顿的阏氏（音 yānzhī，单于正妻，即皇后）送去厚赂。阏氏说服冒顿，围困7天后，胡骑稍解。这天大雾，陈平献计令强弩兵持弓弩向外，悄悄地跑出包围。高祖回到平城，汉救兵亦到，匈奴骑兵解去。这就是有名的平城白登之围。当时有歌谣唱道："平城之下亦诚苦！七日不食，不能彀（张）弩。"汉兵对匈奴无力可抵，只得以和亲求安宁。

吕氏秉政时，匈奴更是骄横，曾无礼修书戏谑吕后："我孤独之人，生于大泽，长于平野牛马群中，数次至边境，愿游中国。陛下亦孤寡独居，何不共同相娱。"吕后大怒，要斩来使并发兵击之。大臣们都认为兵力不敌，安慰她"夷狄譬如禽兽，得其善言不足喜，恶言不足怒也"。吕后只得厚礼卑言报单于，说："单于不忘弊邑，弊邑恐惧，我已年老气衰，发齿堕落，行走失度了。弊邑无罪，请赦。今奉送皇帝坐的车二乘（辆）、马二驷（驷为四马），请单于常驾用。"这事件被称作单于嫚（音 màn，意侮辱）书之耻。

汉文帝十四年（公元前166年），匈奴单于14万骑兵侵入朝那萧关，杀北地郡都尉孙卬，俘虏人民畜产甚多，遂至彭阳，并使奇兵深入，烧回中宫（故址在今陕西陇县西北），候骑至雍、甘泉（宫名）。文帝大发车骑往击，单于留塞内月余才返。

汉初，朝廷对匈奴的侵略也采取了一些措施。高祖二年曾修缮过河上塞，并发关内卒去守塞。文帝也遣将吏、发卒去修治旧塞墙。吕后遣发河东、上党（均在山西）骑屯戍北地郡。文帝募民徙塞下实边、屯戍。开关市以满足匈奴，但不准高马、兵器、铜铁出关。除和亲外，年年岁岁赠送大量秣蘗（粮食）、金帛、锦絮等贵重物品给单于。文、景时，在军事上也采取较大规模的防御措施。如文帝十四年，匈奴奇兵入烧回中宫，候骑至雍、甘泉，深入关中腹地时，文帝发车千乘、10万骑，军首都长安旁以备胡寇，同时拜封5位将军，大发车骑迎击匈奴。文帝后元六年（公元前158年），匈奴绝和亲，大举入上郡、云中郡各3万骑，杀掠甚众。文帝遣3位将军军屯北地郡、代郡的句注、赵国的飞孤口，边境也严阵以待。又发3位将军军于长安西细柳、渭北棘门、长安东霸上防备胡骑。匈奴入代、句注，烽火通于甘泉、长安，军情紧急。数月后，汉兵至边境，匈奴罢去。西汉初年，匈奴强而汉弱，汉处于被动挨打、委曲求全的境地。

经过汉初70余年"与民休息"政策的实施和文景之治，至武帝时，经济实力大增。据记载，当时人民富裕，地方官府的粮仓里装满粮食，府库钱财充足有余。京师朝廷的钱库中，藏钱已积累钜万，穿铜钱的绳贯都朽烂了，钱数无法计算。朝廷太仓堆积的粮食，新旧相压，都满出仓外暴露地上，以致腐败发霉不能吃。大街小巷有马，田野上马成群。朝廷6个大马厩，养马30万匹。这为汉武帝的文治武功奠定了经济基础。

汉武帝为了保卫边境地区的生产，保卫汉王朝的安全，也为了雪高祖平城之仇和吕后时"单于书绝悖逆"之耻，决心对匈奴进行征讨。

武帝元光二年（公元前133年），武帝采用王恢之谋，暗中使马邑（今山西朔县）豪侠聂壹为间谍，逃亡匈奴，对单于说，他能斩马邑长官献城。单于相信了他。聂壹诈斩了死囚，把头悬于城头，让单于快来。于是单于率10万骑驰入武州塞（今山西朔县北至大同西一带）。汉以李广、公孙贺、王恢、李息、韩安国为将，部署了车骑等兵种30余万藏匿于马邑城旁山谷中，只待单于入马邑就立即出击。单于兵近马邑百余里，见满处牲畜无人牧，顿时生疑。后由于雁门尉史的投降泄密而计败。但马邑之役却拉开了武帝征匈奴的序幕，汉与匈奴间从此展开了长期而频繁的战争，其中4次规模尤大，也最为惨烈。

元朔元年（公元前128年），汉遣将军卫青率3万骑出雁门，李息出代郡，抗击匈奴入侵，杀匈奴数千。次年，卫青又出云中以西至陇西，击匈奴部属楼烦和白羊王，杀获数千人和马牛羊百余万头，收复了河南地，并筑朔方城（在今内蒙古杭锦旗北，一说在今磴口县），修缮了秦蒙恬的边塞，以黄河为险固。

匈奴数万骑屡寇代、雁门、定襄、上郡，而且右贤王不甘心汉夺回河南地、筑朔方城，于是数掠河南、朔方。元朔五年，汉派卫青统率6位将军10余万人出朔方高阙六七百里，夜围右贤王。右贤王酒醉惊醒，独与爱妾及数百骑仓忙脱身逃走。汉军俘获男女15000人，裨小王10余人。翌年，大将军卫青乘胜再出定襄数百里击匈奴，前后斩敌19000级，汉亦失两将军和

3000余骑。

元狩二年（公元前121年）春，汉使骠骑将军霍去病率万骑出陇西，过焉支山（在今甘肃山丹东南）千余里击匈奴，斩敌首8000余级。夏，与公孙敖共率数万骑出陇西、北地2000里，逾居延（今内蒙古额济纳旗黑城东北），攻祁连山（在今甘肃张掖、酒泉），杀获3万余人，裨小王以下70余人。祁连山水草肥美，宜畜牧；焉支山产一种制胭脂的草，匈奴妇女用以美容。匈奴失此二山，甚为惋惜，作歌唱道：

> 亡我祁连山，使我六畜不蕃息。
> 失我焉支山，使我妇女无颜色。

其后，匈奴浑邪王杀休屠王领4万余人来降，汉安置降众在陇西、北地、上郡、朔方、云中5郡的塞外，称五属国。自此河西走廊至盐泽（今新疆罗布泊）匈奴绝迹。后来汉在这一带相继设置了武威、酒泉、张掖、敦煌4郡，徙民屯垦，并修筑长城，切断了匈奴与西羌的联合，打通和保卫了通往西域的丝绸之路。

元狩四年，武帝令大将军卫青、骠骑将军霍去病各领5万骑，而私从负衣物的马14万匹运输辎重，后接步兵数十万人，浩浩荡荡分两路出兵。卫青出定襄，霍去病出代。单于布精兵于漠北，与卫青鏖战一日。傍晚时，刮起大风，沙砾扑面而来，两军不见对方。汉纵兵两翼，左右包围单于，单于败，与数百壮骑突围向西北落荒逃去。汉歼敌19000人，北追至寘颜山

（约为今蒙古人民共和国杭爱山南一支脉），烧掉匈奴粮草而返。霍去病出代 2000 余里，与左贤王接战，大获全胜，斩敌首 7 万余级，在狼居胥山（约在今内蒙古克什克腾旗西北）堆高阜纪念，又祭地于姑衍（山名），亲临翰海（疑即今内蒙古呼伦贝尔湖）而回。这次大战，匈奴损亡惨重，从此远遁，不敢在漠南设王庭。汉军伤亡亦数万人，马 10 余万匹。汉在朔方以西至令居（今甘肃永登）开渠屯田，安置官吏卒五六万人。

经过几次大战，汉与匈奴力量对比发生了根本性的变化。以后，匈奴的骚扰仍时有发生，战争也在继续，直至公元前 57 年汉宣帝时，匈奴发生内讧，五单于争立，其势遂衰。后匈奴亲汉，北边境出现了"边城晏（晚）闭，牛马布野"的和平景象。

 ## 西汉万里长城

汉武帝在与匈奴进行战争的同时，为加强边防，保卫边境屯田，在西北和北部边境修建了计逾 1 万公里的防御工程，这些防御工程汉代人称之为塞或边塞，它包括了长城、壕堑、亭障、烽燧等。

据《史记》、《汉书》记载，重要的边塞、亭障的修筑有五次：一是元朔二年（公元前 127 年），卫青在收复河南地后，筑朔方城，修缮了秦蒙恬的边塞，以黄河为险固；二是元狩二年（公元前 121 年），卫青、霍去病兵出焉支山、祁连山后，由令居（今甘肃永登西北）始筑至酒泉的边塞，修造时间各家考证不同，大约在元狩三年至元鼎六年（公元前 120～前 111 年）；三是元封三年（公元前 108 年）击破姑师（在今新疆吐鲁番西）后，由酒泉列亭障至玉门；四是太初元年至四年（公元前 104～前 101 年）伐大宛（约在今乌兹别克共和国费尔干纳盆地）后，自敦煌西起亭障至盐泽；五是太初三年，遣徐自为出五原塞外数百里至千余里，筑城障列亭至庐朐（匈奴地名，又山名），又令路博德筑塞居延泽上。

近代，不少中外学者亲涉其地考察，至 20 世纪 80 年代，对汉塞的了解才有了个大体的眉目。

河西走廊的边塞还具有隔绝匈奴和羌、西域诸国联合，维护丝绸之路的作用。由于修筑时间不同，可分为几段。

一是令居至酒泉塞。首起今兰州市黄河北岸的河口，沿庄浪河东岸北上，经永登县城东，越庄浪河至西岸，循河入天祝县，越乌鞘岭，入古浪县，傍古浪河东岸趋东北，再折向西北，后渐渐消失在沙漠中。据推测，它似沿洪水河西岸，至武威县，越石羊河，依西营河之北河，继续向西北入永昌县内，至金川峡。自此遗迹又见，入山丹县，傍山丹河北岸在东乐北折，止于龙首山主峰东大山东麓。再起于东大山西麓，西南走山丹河北岸，前伸循黑河北经临泽县，入高台县，越黑河，西至酒泉市，止于北大河（讨赖河）东岸。

二是酒泉至玉门关塞。东起金塔县北天仓乡，傍北大河北岸趋往西南，入嘉峪关市，依马路山、北山西行，入玉门市，沿北石河、疏勒河经安西县入敦煌市，止于疏勒河下游榆树泉盆地东缘的湾窑以西。

据估算，从永登至玉门塞长约 950 公里。

三是张掖至居延塞。南起金塔县东南正义峡，傍黑河北上，经鼎新，入内蒙古自治区额济纳旗，沿额济纳河（古名弱水）北伸止于居延泽西。从金关遗址（在今甘肃金塔北）至额济纳旗的布肯托尼间，仅在额济纳河东岸建置烽燧线，现存烽燧遗址近 200 处。从布肯托尼以北，居延泽西岸筑有 3 道塞墙，保护了额济纳河下游三角洲屯垦区。全长逾 250 公里（见图 7）。

此外有：

姑臧至休屠泽塞。位于今民勤县境内。由于休屠泽绿洲的变迁，塞址已大部沦没于沙漠之中，现存者可分为两线，东线南接姑臧（今武威）北部塞，东北沿石羊河东支的大东河北岸北行，止于休屠泽（白碱湖）南岸；西线南起黑山，沿大西河东南岸，北止于休屠泽（今野马湖）西南岸。

媪围至揤次塞。宣帝地节三年（公元前 67 年）筑，这道塞墙以腾格里沙漠为屏障，东连媪围（今景泰芦阳镇吊沟），西接揤次（今古浪北）。它东起景泰县黄河西岸，蜿蜒向西北至古浪县土门附近，与令居至酒泉塞相接。

氐池塞，位于祁连山北麓。未作实地调查，汉氐池县在今民乐县，推测该塞应起自民乐县南，沿洪水河向南，折向东，越童子坝河，入山丹县境内。

甘肃境内河西汉塞全长约 2000 公里。

酒泉以东（包括张掖至居延塞）的汉塞是由堑壕构

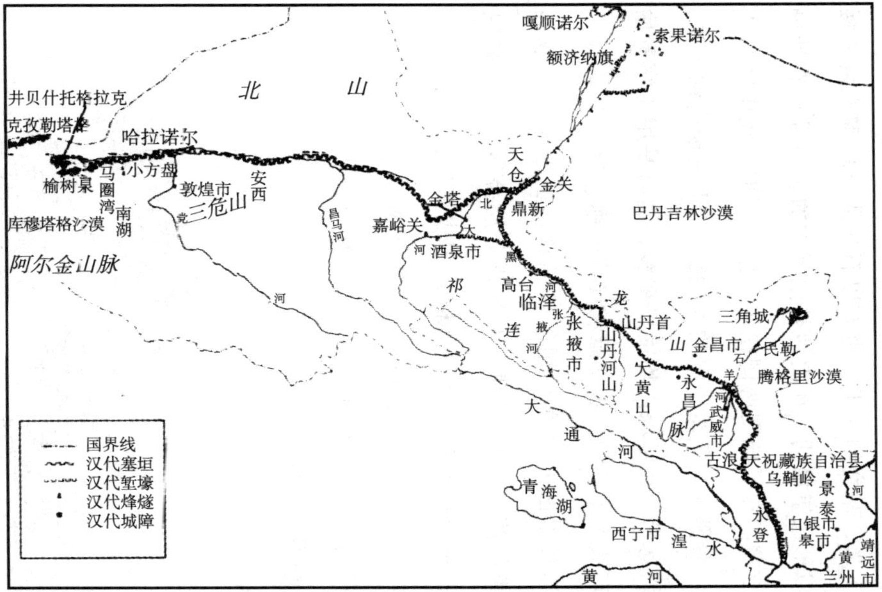

图 7　河西汉塞分布位置图

成的，局部地区则利用山崖、河流作为自然屏障。由于地貌不同，堑壕形制有所差别。在戈壁、沙漠地区为中间掘沟，把掘出的石子、沙砾堆放在沟的两侧，形成两道梯形土垄。沟宽一般 8～10 米，现深约 2 米；土垄现高约 1 米，基宽约 8 米。也有以石块或土坯砌成两道矮墙，以形成堑壕的。在山地是把掘沟的土石堆放在外侧形成土垄。在平地则两侧挖沟，把土石堆放在中间形成土垄。沟现宽约 7 米，深约 50 厘米；土垄现高约 3 米，基宽约 6 米。在堑壕内均铺以细沙，当时是用于察看偷越边塞敌人足迹的，古文献和汉简中称它为"天田"。

酒泉以西的汉塞采用筑墙结构。因地制宜，取捆扎成束的芦苇（或红柳）和沙砾分层叠压而成。构筑方法是把成束的芦苇（或红柳）围成框架，内填沙砾，上铺芦苇（或红柳），再如此层层上筑。现墙基宽约 3米，存高 3.75 米。由于当地水内盐分高，沙砾凝结得极为坚固（见图 8）。

图 8　甘肃西汉长城

除堑壕、塞墙外，因地制宜，凭借山川湖泽为险阻，如令居塞的龙首山、媪围塞的一条山、张掖南塞的冷龙岭、敦煌南塞的鄂博山、鹰嘴山，酒泉塞的哈拉湖等地，均未筑塞防。

河西走廊汉塞沿线设置有障、坞、燧、关，共同构成完整的防御体系（见图9）。

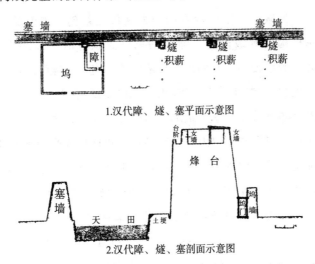

1.汉代障、燧、塞平面示意图

2.汉代障、燧、塞剖面示意图

图9　汉代障、燧、塞关系示意图

障，乃塞边小城，建置于险要之处，可以自障蔽而伺敌，郡守下专职军事的都尉和侯官驻于障内。如1988年被列为全国重点文物保护单位的小方盘城和破城子遗址，据汉简考证，应分别是敦煌郡玉门都尉的驻所玉门障和张掖郡居延都尉甲渠侯官的驻所。小方盘城位于敦煌市西北75公里塞墙内侧，遗址平面呈方形，南北长24.4米，东西宽23.6米。城墙夯土版筑，现宽2.8~3米，高10.9米。西、北两面辟门，门内有马道可登城墙上。其北、西面有长城通过,西约8里为"当谷燧"。破城子位于额济纳旗南24公里,西距烽燧、塞墙300米。遗址平面呈方形,边长22.5米。城墙系土坯构筑,外壁夹有芨芨草层,现基宽4~4.5米,存高4.6米。门在东南角,门内有登城马道。

坞,或称堡、壁、坞壁等,附建于障或燧旁,是前代长城设施中所没有的,为汉代之新创。规模随驻军机构的等级而定。障旁的坞,面积有的比障还大,燧旁的坞较小,有的坞内仅有一两居室,容数人居住。如破城子南侧的坞,面积为2161.25平方米(47.5米×45.5米)。夯土筑墙,现墙宽1.8~2米,高0.9米。坞门东开,门内有登墙马道。坞四周3米内埋有4排尖木桩,汉时称作"虎落"或"强落",是为了阻止敌人来袭的设施。坞墙上嵌有"转射",为Ⅱ形木器,可从坞内向外观察和射击。敦煌马圈湾烽燧东侧所建坞,北墙长6.2米,东墙长11.1米,南墙长8.7米,西墙利用烽燧东壁,坞内建套房3间,房内设灶和土炕,坞南墙外东侧有苇编矮墙围成的厕所,坞的东南角有堆放用以施放烽火的苇苣的土坑,坞外不远处有一口水井和牲畜圈。据这些遗迹可以想见,当年坞内守边戍卒生活之一斑。

燧,或称烽燧,平面呈方形或圆形。构筑方法有夯土版筑,土坯砌筑,芦苇(或红柳)沙砾分层加夯,碱土块、石片中夹芦苇、红柳、胡杨、芨芨草垒砌等。边宽或径为10米左右,存高数米至10余米。汉代称此土筑高台为亭,所以也名"亭燧"。亭的上部建有望楼，即所称的"堠橹"、"候楼"、"噍"等。望楼四周用土坯砌矮墙，高约1.5米。开一门，拾台阶而登，或借用木梯、绳索、脚窝攀缘而上。望楼高处可伺望敌情和举烽火报警。烽燧间距，在戈壁平地约为1.3～2公里，约合汉里3～5里；在山区沼泽地带约为7.5公里，但也有近及0.5公里的。汉简和文献中记载为"五里一燧"，或"起烽燧，十里一候"，大致相近。目前在酒泉、张掖、武威地区共发现汉代烽燧300余座。

汉代已经形成了一整套行之有效的烽燧制度，根据居延破城子、敦煌马圈湾等遗址中发现的汉简《塞上烽火品约》、《烽火品约》可知，汉代施放烽火有严格的规定，即：匈奴人入塞，500～1000人，燔一积薪，昼举二蓬，夜二苣火；若攻亭障，燔一积薪，昼举三蓬，夜三苣火。1000人以上来侵，燔二薪，昼举三蓬，夜三苣火；若攻亭、障、坞壁、田舍，燔三积薪，昼举三蓬，夜三苣火。

据考证，汉简中的"蓬"也就是烽，可能是不燃烧而高举的"表"，即以红色或白色缯布所制的帜，也称布烽；也有草制的草烽。它的用法是在烽燧台上竖蓬竿，上有辘轳，引以绳索，表帜系于绳上，遇警则拉绳使表帜上举报告敌情。也有学者引东汉末文颖的话，认为烽是在烽燧台上竖立桔槔，桔槔头挂一竹笼，把柴草放入竹笼中，平常竹笼低垂，有寇入侵立即燃火举之报警。苣是束芦苇点火燃烧的意思。在考古调查发掘中发现大量苇苣，如在敦煌马圈湾烽燧遗址中就见有大、中、小3种，大者长2.33米，径5厘米，以苇捆扎6道；中者长33.5~35.5厘米，径4.5厘米，用苇或用麻绳捆扎2~4道；小者长8.7厘米，径3厘米，苇叶扎成，用细麻绳捆扎3道。考古发现时，大、中苣置放在土坯砌成的坑内，小苣放于居室内，后者可能用于引火。在居延，发现有两束长82厘米、径8厘米的茇茇草苣，中间还加有短木棍，使燃烧时间延长。它的使用方法可能是置于木橛上或手执之。积薪在敦煌县发现8处以上的遗存。例如，一处体积为1.3立方米（2米×1米×0.65米），其下层交叉堆放胡杨木，中层纵横交错叠置苇束，上层盖以红柳枝。一处体积为4.32立方米（2.4米×2米×0.9米），苇束纵横交错叠置，苇束层中竖插有削尖的红柳棍加固，顶上铺沙砾以防风。其余类同。居延的积薪则多以茇茇草、红柳枝、胡杨枝堆成。积薪大多置于障坞外不远处。文献记载：昼举烽，夜举燧。白日所举的帜表，积薪的烟总称为烽，夜间所燔的积薪和苣火总称为火或燧，烽火、烽燧是兼日夜而言的。

关，建置在塞墙内侧的驿道上，是丝绸之路上的重要孔道。现知在河西四郡设有4关，即玉门关、阳关、金关、悬索关。玉门关和阳关都是通往西域的门户，两关都是历史上的名关，后人多有诗词怀咏。咏及玉门关的诗最著名的当推唐李白《关山月》和王之焕《凉州词》。《关山月》中有句云：

明月出天山，苍茫云海间。
长风几万里，吹度玉门关。

《凉州词》云：

> 黄河远上白云间，一片孤城万仞山。
>
> 羌笛何须怨杨柳，春风不度玉门关。

在诗人笔下，玉门关广阔无垠，风光壮丽，但也深含悲怆凄凉之情，它因诗人的绝唱名声远播。唐代玉门关，约在今安西县双塔堡，遗迹难觅。玄奘即是西出玉门关赴天竺（印度）取经的。汉代玉门关置于汉武帝时，约在公元前110~前108年。关址应在今敦煌市小方盘城以西11.5公里的羊圈湾（东经93°45′，北纬40°21′），坐东向西，它东北距马圈湾烽燧遗址约0.6公里，西北距"临要燧"约1.3公里，但遗址已破坏无存。张骞通西域、公元前105年细君公主和亲乌孙、公元前100年解忧公主和亲乌孙、东汉班超出使西域，都从这里出关。班超在西域生活了31年，70岁时上书回国，书中说："不敢望到酒泉郡，但愿生入玉门关。"唐诗人戴叔伦作诗云："愿将此身长报国，何须生入玉门关。"

阳关位于玉门关之南，故名。它据南道之险，西通西域之鄯善、莎车和中业、欧、非，是繁忙的丝路通道，路面宽达36丈，谚语"阳关大道"即得之于此。东晋高僧法显曾沿着这条道路翻越风雪帕米尔西行。汉阳关故址早已荡然无存，具体位置也难以确指，经考证和调查，应在敦煌市西南70公里的南湖乡古董滩一带，两边有14道沙梁蜿蜒纵横，沙土发白，即史书所载的白龙堆，它可抵罗布泊东，因蜿曲如龙而得名。在它附近的墩墩山上耸立着汉代烽燧，形势险要。但这里近塞，景色凄凉，唐王维《渭城曲》句云："劝君更尽一杯酒，西出阳关无故人。"此曲至阳关句反复歌之，故亦称"阳关三叠"。唐李昂诗道："春云不变阳关雪，桑叶先知胡地秋。"近人赵越作《阳关遗址》诗一首，一反古人低调，写出了玉门关、阳关的今日风貌：

> 阳关古道访遗踪，一片黄沙没古城。
>
> 风送驼铃飘玉塞，落霞如火照苍穹。

金关位于金塔县天仓乡北25公里处黑河东岸，是河西腹地通往居延的咽喉门户。昭帝时（公元前86～前74年）已称金关，含有"固若金汤"之意。关址于1973年经考古发掘。关坐南朝北，主体建筑关门是两座对峙如阙的长方形夯土楼橹，东西长均为6.5米，南北宽均为5米，残壁存留最高处1.2米，两楼橹之间的门道宽5米。门口东侧发现有大门构件，门道两侧有柱痕和石柱础，可推知门道上原建有门楼。关门外筑关墙，关内侧有坞和烽燧台，周围布有多处虎落尖桩。遗址内共发现汉简1万余枚，有关屯垦、戍务的遗物1000余件。

悬索关遗址似在今内蒙古自治区额济纳旗南额济纳河东岸布肯托尼附近的卅井塞上，至今未有发现。

在驿道上还设有驿站，唐岑参的诗形容说："塞驿远如点，边烽互相望。"（《武威送刘、单判官赴安西行营便呈高开府》）汉河西走廊的驿站也因考古发现和发掘而让世人有所了解。1987 年以来，在敦煌和安西两地交界处发掘了悬泉置驿站遗址。它始建于汉武帝时期，一直延续至魏晋。揭露出坞、房舍、仓、厩等遗迹，附近有烽燧。坞内建封闭式院落，每个院落各有回廊、前堂、后室、洗手间和蹲坑式厕所，适合来往官员、使者和客商居住。遗址出土各类遗物 1 万多件、简牍 2 万余枚，简牍中尤以大量邮驿文书、簿籍最为珍贵。有的简文翔实生动地记录了接待官员、使者的过程，支付粮食、家禽等食品、车马、草料的数额和价格，而且视客人的官职等级各有定额。简牍内容除有关邮驿制度外，还涉及政治、法律、边防、医药科技、中外交流、民族关系、屯戍制度等。悬泉置驿站遗址丰富的内涵使人联想起当时驿路上"一驿过一驿，驿骑如星流"（岑参《初过陇山途呈宇文判官》）的繁忙景象。悬泉置遗址于 2001 年被公布为全国重点文物保护单位。

为了防御匈奴，保护丝绸大道，汉时河西走廊的长城边塞有很重要的地位。在西北地区大力开展军屯和民屯，也对开发西北地区有极深远的历史意义。这一切辉煌的业绩，由于当地气候干燥、人烟稀少而比较多地被保存下来。20 世纪以来，尤其是 1949 年以后，经过周密考察和重点发掘，长城边塞的面貌日渐明朗，遗址中出土的数万枚汉代木简，也为汉塞防御制度、屯戍制度等的研究提供了宝贵的资料。汉简研究已成为一门学科——汉简学，为国内外学术界所重视。

汉塞自敦煌以西归西域都护管辖。据了解，沿榆树泉盆地南侧往西有一条绵延不断的烽燧线，它从疏勒河北岸进入今新疆维吾尔自治区傍库鲁克塔克山南麓越白龙堆至罗布泊（即盐泽）北岸，继续往西傍孔雀河北岸入沙漠至尉犁县，经汉营盘城址继续往西作两线分别至汉轮台（今轮台东南）和汉焉耆（今焉耆西南四十里城子），直至库车县。东西长约200公里。在这一线现存烽燧遗址20来座，其结构与河西走廊的基本相同。尉犁县孔雀河烽燧群和库车县克孜尔尕哈烽燧遗址均于2001年被列为全国重点文物保护单位。孔雀河烽燧群共有烽燧11座，东西横跨约150公里。烽燧平面呈方形、长方形或圆形，以方形为主。由土坯夹胡杨木、芦苇和红柳枝层层堆砌而成，或采用夯土构筑，也有在夯土块中夹胡杨木和芦苇的。存高约1.7～11米，方形或长方形者底边长约10～16.7米，圆形者周长约19～50米。例如营盘城址西约18.5公里的脱西克吐尔烽燧，平面呈方形，底边长10米，存高8.6米，系由5层夯土块夹一层芦苇或罗布麻或胡杨木构筑而成。南面开门，内有斜土坡可达烽顶。在烽燧的外围筑有土墙，呈方形，边长24米左右。东墙保存尚好，在距地表高约1米处开有一排10余个三角形瞭望孔，故烽燧名维语意为"带孔的烽火台"。

在敦煌以西考古调查中未发现塞墙，亦即印证了史书所谓自敦煌西至盐泽，往往有亭的记载。

沿这一条烽燧线现发现有20余座汉代的城址和遗

址，有的被列入了新疆维吾尔族自治区文物保护单位。如著名的轮台故城，城址平面呈方形，周长约 940 米，城墙夯筑和加用土坯，城内残存有房屋建筑遗迹和遗物。当时治理西域的军事行政机构西域都护府就设在离轮台不远的东北，治所在乌垒城（今轮台野云沟附近）。

这条烽燧线也正是丝绸大道所经，保护丝绸之路的畅通和安全也是它的重要功能。同时在新疆东部烽燧线内和附近一带是汉屯田驻兵的要地。汉王朝为了边塞的长治久安，"徙民实边"是其重要国策，认为"屯田内有无费之利，外有守御之备"。河西走廊和西域尤其予以重点经营，募贫民、罪人，发戍卒乃至万人、数万人、数十万人，"边郡置农都尉主屯田殖谷"。这些边远地区自然条件差，都是有待开垦的处女地，如在新疆，今所见的故城、烽燧遗址大都耸立于戈壁沙漠之中。唐岑参写有《轮台歌》、《走马川行》诗奉送封（常清）大夫出师西征，诗中对汉代这里的征战、屯戍和恶劣环境气候有极为生动的描写。《轮台歌》中有句云：

> 轮台城头夜吹角，轮台城北旄头落。
> 羽书昨夜过渠黎，单于已在金山西。
> 戍楼西望烟尘黑，汉军屯在轮台北。

《走马川行》诗曰：

> 君不见，走马川行雪海边，
> 平沙莽莽黄入天。

轮台九月风夜吼，一川碎石大如斗，

随风满地石乱走。

匈奴草黄马正肥，金山西见烟尘飞，

汉家大将西出师。

将军金甲夜不脱，半夜军行戈相拨，

风头如刀面如割。

马毛带雪汗气蒸，五花连钱旋作冰，

幕中草檄砚水凝。

虏骑闻之应胆慑，料知短兵不敢接，

军师西门伫献捷。

（五花、连钱均良马名）

两千年前我们的祖先，荜路蓝蒌，在艰苦恶劣的环境中为开拓、保卫和发展西部地区做出了不可磨灭的贡献。

在宁夏回族自治区贺兰山以北抵内蒙古自治区阴山之间是乌拉布和沙漠，沙漠东部黄河穿流而过，这里是汉代朔方郡的西部。经调查，在内蒙古磴口县残留一段石块砌的长城，西南至东北走向，沿山麓延伸，长约 1.5 公里。还发现有一系列烽燧遗址和临戎、三封、窳（音 yù）浑故城及鸡鹿塞遗址。烽燧平面作方形或长方形，由花岗岩、花岗片麻岩的石块砌成。鸡鹿塞是有名的汉代关塞，它位于窳浑古城西北阴山哈隆格乃山谷口外西侧台地上，正当阴山南北通途的要冲。它高出谷底约 18 米，是一座边长 68.5 米的方形古城，石块筑墙，南面开门，门外设瓮城。该地区土地肥美，也是汉代重要的屯田之地。

汉代在内蒙古及以东至辽宁基本上沿用了秦始皇长城，通称为秦汉长城。为了加强防御能力，除了修缮之外，也因适应形势的需要，改造和加筑了局部地区的长城和增设了一系列城障、烽燧。

汉武帝攻伐匈奴，为了缩短战线，在元朔二年（公元前127年）曾一度"弃上谷之什辟县造阳地以予胡"（什音dǒu，什辟即偏僻近匈奴之意）。考古调查发现，在今河北、内蒙古东部、辽宁西部有一道以烽燧为主的汉代防御线，它的建置可能与这段史实有关。这道防御线西从河北省丰宁、滦平的崇山峻岭上，往东经隆化、承德进入内蒙古自治区宁城县，循老哈河上游支流黑里河，北折入喀喇沁旗，傍老哈河支流坤都河东去，过老哈河延入辽宁省建平县，再往东南行遗迹不清楚。沿线共发现烽燧遗址约386座，因地形关系，间距约0.5～5公里不等，一般建于山顶或半山腰，由夯土筑成，或石块垒基。平面呈圆形或方形，径或边长15～30米，存高0.5～5米。烽燧间有沟壕相连接，现仅有形迹可察。在防御线内侧的内蒙古宁城县曾发掘黑城城址，该城平面呈长方形，东西长1800米，南北宽800米，城墙系夯土筑成，出土有汉代"部曲将印"铜印、"白狼之丞"和"渔阳太守章"封泥，据此考定此城址为汉右北平郡治平刚县故城之所在。在宁城和建平之间的凌源市有一座战国秦汉时期的安杖子城址，以往史地学家认为它即是汉平刚县故城，自从宁城黑城城址揭露并论证为平刚故城后，学者们从安杖子城址出土的 19 方封泥印文和多件 "石城" 陶文考证，安杖子城址应是右北平郡的石城县或字县，亦是汉塞边防上的军事交通重镇。

在建平往东的汉代东北边境上推测应使用原燕、秦长城。沿线发现许多战国和汉代城址、遗址和遗物，如建平的达拉甲城址、霍家地城址、奈曼的善宝子城址、新宾县永陵南城址（考证为西汉玄菟郡治高句骊县故城）、凤城市刘家堡城址（考证为西汉辽东郡武次县故城）、丹东市瑷河尖城址（考证为西汉辽东郡西安平县故城）。这是战国、秦汉在辽东边塞防御线位置的重要指向标，它标示的应即是《史记·朝鲜列传》所云："汉兴，为其远难守，复修辽东故塞，至浿水为界"的辽东故塞。

汉武帝为了抗击、防御来自匈奴正面的侵犯，在阴山以北蒙古草原上建有东西横亘的两条平行长城。它们贯穿于内蒙古乌拉特后旗、乌拉特中旗、达尔罕茂明安联合旗，约折向东南入武川县西部，与阴山北麓的秦长城相接。西端自乌拉特后旗的西北部延伸入蒙古人民共和国境内。北长城似蜿蜒至阿尔泰山中，全长约 527 公里。南长城再西行可能至居延塞，全长约 482 公里。两线相距约 20 ~ 37.5 公里。北长城躺卧沙漠草原上，全为砂土结构，未见夯筑痕迹。城墙现宽 5 米余，高 1 米左右，外侧为一宽浅的人工堑壕，现宽 8 米，城墙体即由堑壕中掘出的土堆成。沿线发现少量烽燧遗址和 3 座城障遗址。南长城结构有三种：一是在多石地带，以块石砌筑墙皮，内实以砂石，现高 2 米；二是用砂土堆成，外侧掘堑壕如同北长城；
三是用土夯筑而成。南长城内侧发现少量烽燧和 10 座
城障遗址。烽燧平面呈长方形，其中一座现长 18 米，
宽 13 米，残高 80 厘米。一般间距 1～2.5 公里。障址
平面一般呈方形，城墙用夯土构筑或块石垒砌，边长
150 米左右（见图 10）。障与障间距离 10 多公里，而
距长城为 20～30 米。

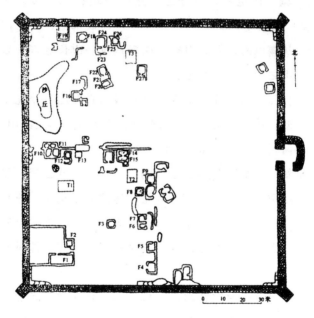

图 10　朝鲁库伦汉石城平面实测图（F 为房子）

蒙古草原上的长城在史书上称"外城"，它应是与
阴山上的旧长城相对而言。这道长城应即《史记·匈
奴列传》所说：武帝太初三年（公元前 102 年），"汉
使光禄徐自为出五原塞数百里，远者千余里，筑城障

列亭至庐朐"。庐朐可能指朝鲁库伦西北，即今阿尔泰山南麓某地，已深入匈奴腹地了。《汉书·匈奴传》载侯应的话，对蒙古草原上的长城和汉、匈形势有言简意赅的描述："臣闻北边塞至辽东，外有阴山，东西千余里，草木茂盛，多禽兽，本冒顿单于依阻其中，治作弓矢，来出为寇，是其苑囿也。至孝武世，出师征伐，斥夺其地，攘之于幕（漠）北，建塞徼，起亭燧，筑外城，设屯戍，以守之，然后边境得以少安。幕（漠）北地平，少草木，多大沙，匈奴来寇，少所隐蔽，从塞以南，径深山谷，往来差难。边长老言匈奴失阴山之后，过之未尝不哭也。"

在辽宁省东部也发现有烽燧线，它西起自今沈阳市东郊，傍浑河北岸东行入抚顺，抵黑虎、白龙两山，于浑河与东洲河交汇处南折行，沿东洲河东岸布列，后抵新宾，东行布列于苏子河岸，长达 170 公里，发现烽燧 70 余座，间距 2～6 里。烽燧夯土构筑，原呈方形，现似圆丘，存高 3～4 米，基径 5～15 米。沿线还发现多座汉代城址，可能是汉武帝设朝鲜四郡时所修建。

西汉长城西起新疆，东抵辽东。它穿过浩瀚的戈壁沙漠，横亘于无垠的草原，翻越崇山峻岭，或塞墙、堑壕，或列燧，因地制宜，延绵 1 万余公里。西汉在沿线大力开展军屯，并徙民实边屯田，筑起了一道坚固的防御线。这对抵御匈奴入侵、开发边境都起了巨大的作用。抗击匈奴、修筑长城固然是汉武帝的英明决策，但广大劳苦大众也为此作出了重大贡献，付出了巨大牺牲。《汉书·贾捐之传》中说:"当此之时,寇贼并起,军旅数发,父战死于前,子斗伤于后,女子乘亭障,孤儿号于道,老母寡妇饮泣巷哭,遥设虚祭,想魂乎万里之外。"长城是由人民的血和泪筑起的。

当代著名历史学家翦伯赞游览罢汉塞古戍后亦非常感慨,为诗云:

> 断瓦颓垣古戍残,城头画角忆当年。
> 边亭地徼朝传警,铁马衔枚夜出关。
> 挽粟输刍填瀚海,堑山堙谷接祁连。
> 汉家飞将终尘土,废垒萧萧蔓草间。

 ## 抗匈诸将谱

在西汉抗击、征伐匈奴的战争中涌现出许多英雄将领和可歌可泣的人物,他们为社会、为人民立下了不朽功勋,名垂青史。

卫青 大将军卫青出身低微,曾有人预言他官至封侯,他笑道,人奴所生,不受笞挞责骂就满足了,哪里能得封侯!后因他姐姐卫子夫入宫为武帝所宠爱,卫青进了建章宫做事,又迁升为大中大夫。元光五年(公元前130年),武帝拜他为车骑将军,率万骑,同其他将领分兵出击匈奴,从此他踏上了戎马征途。后来他的姐姐被立为皇后，卫青的贵宠便蒸蒸日上。

元朔元年（公元前 128 年），卫青将 3 万骑出雁门。次年又率军出云中以西，过高阙直至陇西，击走匈奴白羊、楼烦王，收取河南地，杀获敌数千，得畜百余万头，以及辎重车等。武帝非常赞赏，封他为长平侯。元朔五年，再将 3 万骑率领 6 位将军出征，分出高阙、朔方、右北平。卫青夜围匈奴右贤王，右贤王酒醉独与爱妾带领壮骑数百落荒北走。汉军追不及，俘裨小王 10 余人，众男女 15000 余人，牲畜百万头。凯旋归至塞边，天子已遣使者来，在军中拜卫青为大将军。返至京城，武帝大加封赏，并封尚在襁褓中的卫青的 3 个儿子为三侯。卫青推辞说，打胜仗是赖陛下神灵和诸将领力战之功，不要封小孩了。武帝说我未忘诸将。同时又封了 10 余名将领为侯。这时的卫青荣贵已臻极点。

卫青身为国戚，官至大将军、大司马，封长平侯，但他仁善退让，不跋扈专横。在元朔六年的一次出征中，他统领 6 位将军出定襄击匈奴，右将军苏建全军覆没，只身逃归。有人说大将军出征从未斩过部下将领，今苏建军没，斩之以示将军之威。卫青说：我为朝廷亲戚，不怕没有威。我虽能斩将，但也不敢专权。送归天子，让天子裁决。后天子赦苏建罪，赎为平民。

卫青一生 7 次出击匈奴，斩获敌虏 5 万余，三子为侯，全家封赏共 2 万余户。娶武帝姐平阳公主为妻。元封五年（公元前 106 年）卒，与公主合葬，墓冢像庐山，是武帝茂陵陪葬墓之一。

霍去病　骠骑将军霍去病是卫青的外甥，卫皇后姐之子，18 岁官为侍中，多次随卫青出征。元朔六年拜剽姚校尉随征，他率领 800 轻勇骑远离大军出击，斩敌 2028 人，其中有匈奴相国、当户（匈奴官名）、单于祖辈籍若侯产，俘单于叔罗姑比，以军功封为冠军侯。元狩二年（公元前 121 年）拜骠骑将军。是年 3 次出征：春天，统万骑出陇西，转战 6 日过焉支山千余里，斩杀匈奴折兰王、卢胡王，俘浑邪王子及相国、都尉，斩首 8900 余级，获休屠祭天金人。夏天，与公孙敖、张骞、李广同出兵，他人均失利，独霍去病逾居延，过小月氏，攻祁连山，得酋涂王，获五王、五王母、单于阏氏、王子 59 人，相国、将军、当户、都尉 63 人，投降者 2500 人，斩首 30200 级。秋天，匈奴部属浑邪王与休屠王合谋降汉朝，令霍去病接应。霍去病见浑邪王，斩其不降者 8000 人，统降王 32 人、降卒 4 万余，号称十万返朝。这 3 次出兵，凯旋后，皇帝赏户 8000 余户，亲贵如同大将军卫青。

　　浑邪王的降者中有休屠王子日磾（音 dī），因休屠王被杀，和弟弟、母亲都沦为奴隶去养马。后因马养得又肥又壮，武帝喜欢，见日磾容貌端庄威严，问知家世，当日赐衣冠，拜为马监，升迁侍中、驸马都尉、光禄大夫。与武帝同出同入，不离左右，甚得亲信，成为天子身边的重臣，赐姓金氏，卒后陪葬武帝茂陵。

　　元狩四年，霍去病和卫青各将骑 5 万再度出征。卫青统 4 位将军出定襄千余里，遇单于斩首万余级。单于败北，卫青遂至窴颜山赵信城，留一日，烧掉匈奴城池、粮草而班师。霍去病出代、右北平千余里，与左贤王兵接战，俘虏匈奴王、将军、相国、当户、都尉83人，在狼居胥山（今蒙古人民共和国内肯特山）堆土纪念，祭地于姑衍，登临翰海（北海名，在沙漠北），斩获敌7万余。其功盖大将军卫青，从此霍去病的荣贵也超过了卫青。

霍去病寡言少语，但却任性。武帝令人教他孙吴兵法，他拒绝；要替他建宅第，他说，匈奴未灭，要什么家。武帝因此爱重他。他统率的都是精良部队，战士也骁勇能冲锋陷阵。多次出征，从未遭困陷于绝境。然他不爱惜战士，天子曾送至军中数十车物资，回师时，车上仍余许多好米好肉，但战士都面有饥色。军中缺粮也不设法筹措，却自去踢球游戏。

霍去病一生6次出击匈奴，斩获敌11万余，4次受封赏，共17700户。元狩六年卒，年仅20余岁。武帝甚是哀怜，令边郡属国军士从长安列队至茂陵为他送葬。陪葬于武帝陵侧，墓冢封土像祁连山以纪念他的军功，在墓前陈置马踏匈奴、跃马、卧马、伏虎、卧象、人熊相搏、卧牛等大型石雕像。茂陵、霍去病墓和石雕像于1961年即被公布为全国重点文物保护单位。

李广　李广出自将门，从小受家传射法。文帝时曾随军击匈奴，由于善骑射，杀伤匈奴甚多，拜为郎，常侍天子左右。文帝赞他勇敢，说如生在高祖世，封万户侯是不在话下的。景帝时，从周亚夫平定吴楚七国之乱有功。后历任太谷、上郡、陇西、北地、雁门、代、云中、右北平诸边郡太守。因匈奴屡寇边，李广常与匈奴接战，奋力挫敌，而且善用谋略，令匈奴丧胆，称他为"汉飞将军"。李广任右北平太守时，匈奴不敢入右北平。

武帝元光五年，李广以卫尉拜为将军，出雁门击匈奴，由于寡不敌众，为匈奴所俘。当时李广伤病严重，匈奴器重他，将他置于网绳中系于两马之间载归。行10余里，广佯死，睨视傍有一少年骑一匹好马，他突然跃上那匹好马，夺了少年的弓，将他推下马，鞭马南跑数十里。后面匈奴数百骑紧追不舍，李广将弓射杀追骑，因此得脱回归。但因他的军队亡失甚多，人为匈奴所俘，律当斩，被赎为庶人。

元狩二年，李广以郎中令率4000骑出右北平，行数百里，被匈奴左贤王的4万骑所围困。军士皆恐惧，李广却镇定自若，令军士围成圈面向外。匈奴弓矢如急雨般射来，汉兵死亡大半，箭矢也将尽。李广令众将士持弓拉箭而不发，自己以大弓弩射匈奴裨将，杀数人。匈奴兵稍解。至傍晚，军士吓得面无人色，而李广仍面不改色。次日又是一场恶战，后救兵至，匈奴才解围而去。

元狩四年，卫青、霍去病分兵大击匈奴，李广几次请随军，武帝认为他已年过花甲，不许，最后才获准，以为前将军，但不让他挡单于大军。卫青令他出东道，他甚恼怒，由于命运不济，结果又迷失道路。卫青凯旋后，送去饭酒责问他失道原因，李广开脱部下，归罪于自己一人，遂引刀自刭。

李广爱兵如子，每有赏赐都分给部下，与兵士共饮食。出军时，逢缺水之地，寻觅得水，士卒不饮够，他不近水，士卒未吃饱饭，他不去吃。他从来不谈家产，因此家无余财。他治军简易，屯于水草处，人人自便，省去繁文缛节和严格规法，因待人宽厚不苛刻，将士都乐为所用。作战时，他身先士卒，骁勇无比，遇敌不近至数十步内不发箭，所以箭无虚发，但往往也被敌困。李广戎马一生，与匈奴进行过大小70余战，令匈奴敬服，论功劳、人品和声望都不在诸将下。当时以军功封侯者数十人，唯独李广不得封。故谚云：李将军数奇（命运多舛）。但人民尊重他，在他自尽之日，天下的人都为之垂泪、流涕、哀悼。唐王昌龄《出塞》诗诵李广云：

秦时明月汉时关，万里长征人未还。

但使龙城飞将在，不教胡马度阴山。

李广利　贰师将军李广利为平定西域、打通东西大道、隔绝匈奴与西域诸国的联合立下了汗马功劳。武帝时，西域有36国，大宛在其西边。大宛产葡萄、苜蓿和良马。张骞通西域后，葡萄、苜蓿传种中国。太初元年（公元前104年）武帝为取大宛良马（汗血马），也为征匈奴需要，令李广利率属国6000骑和郡国恶少年数万人伐大宛。汉进军盐水（即盐泽）后，当道小国坚守不下，军中又乏粮，转辗2年军返至敦煌，士卒仅剩十分之一二。经过一年多的修整，补充了6万人再出敦煌，另从军辎重有牛10万头，马3万匹，驴、骆驼以万数计，天下骚动。这次兵多势众，所到小国莫不降迎，并犒劳汉军。军至大宛，攻40余日乃下，斩大宛王，取善马3000余匹。武帝大悦，作《西极天马之歌》。小国闻大宛已破，纷纷送子弟入朝见天子以作人质。李广利受封为海西侯，食邑8000户。于是西域大定，汉筑亭障至盐泽，并垦荒屯田，开发新疆土。李广利自伐大宛后又多次率大军征匈奴。征和三年（公元前90年）在出征途中闻朝廷中发生巫蛊事变，他的妻子受牵连，家室被族灭，广利恐惧，兵败降匈奴。单于尊宠他，把女儿嫁与他。广利在匈奴一年余，因遭妒忌而被陷害致死。

赵充国 赵充国是武帝、昭帝、宣帝三朝元老边将。他从小学兵法，了解周边少数民族，为人沉着勇敢有大略。武帝时，随贰师将军击匈奴，冲锋陷阵，身中20余处伤，武帝还亲自察看他的伤，非常赞叹，拜为中郎。昭帝时，征匈奴，因俘获匈奴西祁王，官升后将军。宣帝时，封营平侯，以蒲类将军征匈奴，后将兵4万骑屯边9郡（即五原、朔方、云中、代、雁门、定襄、北平、上谷、渔阳郡）以防匈奴入寇。神爵元年（公元前61年）匈奴与羌人（居住在今青海湟河一带）联合，欲攻打鄯善、敦煌，阻隔汉通西域大道，因此寇犯汉塞，攻城邑，杀边史。时充国年逾70，请缨前往征讨，发6万兵西出。充国定计，先破先零羌，后服罕（音hǎn）羌。平定后上书力陈屯田十二利，于是河湟地区得以开发。充国为人持重，行军时时战备，扎营必坚壁，深思熟虑定下计谋后乃战，爱护士卒，兵乐为所用。甘露二年（公元前52年）病卒，享年86岁。

4 苏武牧羊和昭君出塞

西汉时，汉朝廷和匈奴在交往中常互派使者，或因和亲，或礼尚往来，或互探机密。两方对待使者的态度，也因政治气氛而有异，有的礼遇有加，有的则被扣留，汉使被匈奴扣留的有 10 余批，汉扣匈奴使亦对等。汉使中有的降了匈奴，甚至为匈奴出谋划策攻打汉；也有的不辱使命，忠贞不屈。后者中苏武的故事更万古流芳。

苏武为征匈奴将领、平陵侯苏建的儿子，武帝时为栘（音 yí）中厩监。天汉元年（公元前 100 年），匈奴归还被扣留的汉使路充国等人，武帝派苏武以中郎将身份持节也送回被扣留的匈奴使者，并给匈奴厚礼。苏武完成使命正待回朝之时，匈奴发生了未遂政变，因苏武的副手张胜预知其事而把苏武等人牵连了进去，张胜被杀。单于令近臣卫律劝降苏武，苏武说：屈节有辱使命，虽生有何面目归汉，乃拔佩刀自刺。卫律急阻之，命医生设法救治，半天才苏醒过来。单于壮其节，稍愈又令卫律劝他。卫律本是汉臣降了匈奴，他以剑相威胁，未成，乃恬不知耻，说自己蒙单于封为王，今拥众数万、马畜满山，苏武若今日降，明日也同自己一样，何苦以身沃草野，谁能知晓。苏武乃痛骂卫律不顾恩义、叛主背亲，挑动汉匈两国相攻。苏武愈坚贞不屈，单于愈要劝降他，于是把苏武幽禁在大地窖中，不给饮食。天下雨雪，苏武躺在地窖中用雪就着毡毛吞咽，几天不死。匈奴以为神，迁他到北海（今贝加尔湖）绝无人烟处，让他牧公羊，说公羊有了乳再放他回去。苏武到了北海，冰天雪地，无人给饮食，他掘地寻得野鼠所藏草籽作粮，每日手持汉节牧羊，节上的毛都落尽了。过了五六年，单于弟于靬王射猎北海，见苏武甚敬重，供给他衣食。又三年余，于靬王病，临终前赐苏武马畜、陶瓮、毡帐。

苏武使匈奴的第二年，李陵降，不敢见苏武，后来单于令李陵来说服苏武。李陵置酒设乐，席间告诉苏武，他已家破人亡，回汉也是安危不可知。苏武却以深受皇恩，愿肝脑涂地，表现了崇高的气节。李陵让妻子送给苏武牛羊数十头。武帝崩，李陵告诉他，他南向痛哭。昭帝即位后，汉与匈奴和亲，求还苏武。匈奴诡言苏武已死。后苏武随将常惠得知，乘夜偷见汉使告以实情，教使者告诉单于，天子射上林苑中雁，雁足系帛书，说苏武在北海上。单于大惊，只得承认。临行前，李陵置酒贺苏武，倾心中块垒，与武泣别。苏武于始元六年（公元前81年）还至京师，在匈奴19年，出使时尚是壮年，归来须发尽白；出使时同行百余人，归来仅剩9人。宣帝神爵二年（公元前60年）病卒，享年80余岁。宣帝为表彰有功之臣，在麒麟阁上图画功臣像，题官爵姓名，共11人，苏武、赵充国都列其中。苏武富贵不能淫、贫贱不能移、威武不能屈的伟大气节，令人敬仰，因此为他立庙纪念。唐温庭筠曾作《苏武庙》诗怀咏。据说今贝加尔湖南滨兀立一座砖砌小龛，不过数尺见方，内空无一物，为苏武牧羊时栖身之所。

如果说苏武牧羊表现了阳刚之气，那么昭君和亲则透着阴柔之美。他和她同样为人民的利益贡献自己，事迹同样感人肺腑，千古传颂。

高祖自平城之围归，忧匈奴冒顿兵强，数苦北边，问计于刘敬。刘敬认为天下初定，不能以武力服匈奴，建议以嫡公主下嫁匈奴，并赐予厚礼，匈奴必以公主为阏氏，生子为太子。每岁再赠匈奴所稀罕的贵重礼物，喻以礼节。冒顿在，是子婿；冒顿死，则外甥继承为单于。哪听说有外孙和外公抗礼和攻战的？如令宗室女或后宫诈称公主，则达不到这种目的。高祖以为然，奈吕后不肯，于是以宗室女代公主由刘敬送往匈奴结和亲约。从此，匈奴和汉王朝除武力相见外，另开辟了一条以和亲求安宁、以和亲结友好的道路。和亲女子是肩负重任的和平使者，和亲政策对后世的影响颇大，唐代文成公主和亲吐蕃松赞干布也是至今传颂的佳话。

高祖与匈奴和亲后，岁岁赠匈奴金帛、丝絮、缯、酒米、食物，各有定数，并约为兄弟，望能羁縻匈奴。后来又定下"长城以北引弓之国，受命单于，长城以内冠带之室，朕亦制之"，"匈奴无入塞，汉无出塞，犯令约者杀之"。以秦旧长城为界，互不侵犯。每遇新单于立，都要遣宗室女和亲，同一单于也有一娶再娶汉室女的。但这些仍旧不能满足匈奴上层贵族的贪欲，他们甚至盛气凌人地说：汉使不要多言，给匈奴的缯絮米蘖要上等的，不然，等到秋熟马肥时让铁骑来蹂踏稼穑。汉和匈奴的赠答礼品各为自己的特产，也不对等。如文帝时，匈奴曾献骆驼1匹、马2匹、驷车2辆。而汉答赠天子所穿的绣绮夹衣、绣夹长袍、锦夹袍各1件，篦梳1把、黄金腰带1条、黄金带钩1个、绣10匹、锦30匹、赤绨、绿缯各40匹。但不能否认，汉王朝的退让和努力还是有些成效的，它减少了匈奴的严重威胁，争得了汉初与民休养的时机，尤其是宣帝后，和亲政策起了成功的通好作用。昭君出塞就是在这种历史背景下发生的。

王昭君字嫱，南郡秭归人。元帝时被选入后宫掖庭。当时后宫人数很多，皇帝让画工画她们的肖像，皇帝见图像上谁姣好妩媚就召幸谁。因此宫人都贿赂画工，让画工美化自己。独昭君性情刚直，不愿贿赂，画工毛延寿将她丑化了。昭君入宫数年也不见皇帝召幸，她满腔悲怨。这时正值匈奴内乱，五单于争主之后，呼韩邪单于附汉称臣，汉助其翦灭了最后与他相争的郅支单于。竟宁元年（公元前33年），呼韩邪单于再次朝汉，元帝赠送他非常丰厚的礼物。单于又向元帝提出请求和亲作汉的女婿，元帝诏以五名宫女赐他。昭君闻知，向掖庭令（管理后宫宫女的官员）自请入匈奴。在呼韩邪临行辞别的宴会上，元帝召五女来见单于。昭君丰容盛饰，婀娜多姿，款步而入，整个宫殿顿生光辉，满座皆惊，尤其是元帝见她如此姣美，想反悔留下，却碍于失信，只得割爱。事后，元帝追查画工，知是毛延寿所为，斩毛延寿于市上。

后人对昭君勇敢请求和亲非常敬佩，对她背离故土远嫁陌生之地的遭遇寄予无限同情，有许多文章、辞赋、诗词赞咏她。杜甫《咏怀古迹》诗之三最是有名。诗曰：

> 群山万壑赴荆门，生长明妃尚有村。
>
> 一去紫台连朔漠，独留青冢向黄昏。
>
> 画图省识春风面，环佩空归月夜魂。
>
> 千载琵琶作胡语，分明怨恨曲中论。

　　明妃即昭君，晋时因避司马昭讳改称。杜甫赴荆州时，曾凭吊过昭君生长的村庄。该村称"昭君故里"或"昭君村"，位于今湖北省兴山县城南宝坪村，附近犹有昭君寨、昭君井、昭君台、珍珠潭等胜迹，流传着昭君入宫前的生活故事。紫台为汉宫名，江淹《恨赋》说，昭君入匈奴时，仰天叹息：紫台渐远，关山无边。青冢指昭君墓，位于内蒙古自治区呼和浩特市南，远望墓色如黛，故称青冢。

　　昭君入匈奴后，单于很爱她，号宁胡阏氏，生二子，其一名伊屠智牙师，立为右日逐王。成帝建始元年（公元前 32 年）呼韩邪单于死，大阏氏子立为单于。匈奴风俗，父死妻其后母。新单于欲妻昭君。昭君向汉朝上书求归，成帝令她从匈奴俗。昭君又成为新单于的阏氏，生二女，长女云须卜居次，小女为当于居次。须卜、当于是夫家族名，都是匈奴贵族，居次犹如汉的公主。须卜居次和丈夫须卜当都致力于匈奴与汉的和好。

　　尽人皆知，我国古代周边少数民族社会比较落后，生活、气候条件也比较差，何况是远离故土和父母。昭君《怨诗》中有云："高山峨峨，河水泱泱。父兮母兮，道里悠长。呜呼哀哉，忧心恻伤。"诉说了哀肠。因此，和亲女子是做出很多牺牲来换取民族间的和平和友好的。

史学家翦伯赞非常称誉王昭君，曾作诗曰：

> 汉武雄图载史篇，长城万里遍烽烟。
>
> 何如一曲琵琶好，鸣镝无声五十年。

一曲琵琶是指汉朝公主和亲，道路遥远，故在马上弹琵琶作乐，以安慰路途上思念之苦；鸣镝是一种会发声的箭镞，用于战争，昭君使干戈化为玉帛。

王昭君以一名古代的弱女子，成了民族间和平友好的象征。传说在内蒙古草原上有许多座昭君墓，主要的是位于呼和浩特市南 9 公里的青冢。青冢现封土堆高 33 米，墓前有平台和台阶，墓前、墓顶各建亭，有碑 6 通。墓草葱郁，古树扶疏。墓前立董必武题《谒昭君墓》诗碑。诗曰：

> 昭君自有千秋在，胡汉和亲识见高。
>
> 词客各摅胸臆懑，舞文弄墨总徒劳。

王昭君墓于 2006 年被公布为全国重点文物保护单位。

四　东汉至金长城

 东汉至宋、金的民族
关系和政治形势

东汉至宋、金的 1200 年间，长城的修筑处于低谷，这是与民族关系及政治形势紧密联系的。

东汉之初，内部争斗未息，统治未稳，社会动荡，匈奴又乘机骚扰边郡。中原的一些反汉势力也往往与匈奴勾结，其中尤以卢芳为甚，与匈奴联兵入塞。光武帝患之，除发兵击伐外，在山西、陕西、河北诸省修筑了简易长城和烽燧亭候。公元 46 年（建武二十二年），匈奴遭连年旱灾蝗灾，赤地数千里，草木尽枯，又遇瘟疫猖獗，人畜死耗大半，统治阶级内部却为争立单于发生了剧烈斗争。居于匈奴以东的乌桓乘虚攻击，匈奴被迫北迁数千里，漠南地空。公元 48 年，匈奴分裂为南、北两部分。北匈奴远徙西北，南匈奴降汉称臣，汉赏赐甚丰厚。不久，徙南单于居于西河美稷（今内蒙古准格尔西北），助汉捍卫北地、朔方、五原、云中、定襄、雁门、代郡。乌桓也来内附朝贡，汉移居乌桓至塞内边郡，给其衣食，为汉侦察匈奴动静，助汉击北匈奴。因此出现了"自中兴（光武帝）之后，四夷来宾，虽时有乖叛，而使译（使者往来）不绝"的局面。但远徙的北匈奴在稍恢复元气再度强盛后又南来侵掠边境，甚至"焚烧城邑，杀略甚众"，"河西城门昼闭"。汉经常要派兵遣将去征伐或在边郡屯守。所幸汉有一批守边良将和边郡太守，如光武帝时的窦融、郭伋、张堪、祭肜、任延，明帝时的傅育、范迁、廉范，桓帝时的种暠，都能威慑匈奴，使匈奴有所收敛。汉为解除北匈奴的边患，发动了几次征伐战争。明帝永平十六年（公元 73 年），发边郡兵与南单于、乌桓、鲜卑、羌胡共数万骑，分道从酒泉塞、张掖居延塞、平城塞、朔方高阙塞出兵，在天山东击破了北匈奴。和帝永元元年（公元 89 年），北匈奴发生内讧，窦宪、耿秉与南单于合兵共 3 万骑分出朔方、西河、五原郡与北单于战于稽落山（今蒙古人民共和国西北部额布根山），大胜之，获牲畜 100 余万头，20余万众来降。汉军耿秉追出塞 3000 余里，登燕然山（今蒙古人民共和国杭爱山）刻石记功颂威而返。永元三年，遣耿夔出居延塞，围北单于金微山（即今阿尔泰山），北单于逃走，汉出塞 5000 里而返，从此北匈奴衰败。与征伐的同时，汉派班超出使西域，以斩断北匈奴右臂，收到了很好的效果。经东汉至魏，由于匈奴内部的不团结，中原王朝都处于主动地位。因此，光武帝以后没有再筑长城，有时还去烽燧、除候望、罢屯戍，边郡晏然无警。

　　东汉后，居于东北的鲜卑逐渐强大，对中原王朝时服时叛。晋武帝太康三年（282年），鲜卑慕容部叛晋，寇掠辽东和河北北部，为晋所败。晋为防备后患，命唐彬监幽州诸军事，领护乌桓校尉。唐彬"开拓四境，却地千里，复秦长城塞。自温城洎于碣石，绵亘山谷且三千里，分军屯守，烽堠相望，由是国境获安，无犬吠之警"（《晋书·唐彬传》）。温城在今河北省东北部。唐彬修复了秦始皇长城的东段，直至今朝鲜半岛。

　　自西汉末以来，匈奴、鲜卑、乌桓、羌诸西、北各族归附中原王朝的，多纷纷内迁于塞内诸郡，如匈奴入居朔方、并州北部（今山西北部），后渐南徙至山西南部；鲜卑族自北匈奴远遁后已尽据大漠南北的匈奴故地，东自辽东，西及甘肃、青海都是他们的地盘；居住于甘肃、青海的氐、羌，东汉时已大批移居关中。据记载，从晋咸宁二年（276年）至太康十年（289年）的10余年间，匈奴、鲜卑、乌桓等族徙居塞内的有40余万人，氐、羌在关中的有50余万人，占关中人口之半。这些徙居塞内的民族与汉族杂处，学习汉人的先进生产技术，逐渐由游牧走向农业定居。但他们仍保留了原有的部落军事性组织，因此潜伏着内在的危险因素，加之他们在汉族统治阶级眼中仍是异族，受到歧视和压迫，如匈奴贵族刘宣曾对刘渊说："晋为无道，奴隶御我。"汉族有识之士已意识到入居塞内各族"怨恨之气，毒于骨髓"，危机将一触即发。

　　由于晋皇室的腐败，晋武帝死后，爆发了皇室间的八王之乱。入居诸族立即纷纷发动反晋战争，而八王中有的与诸族贵族勾结，借助诸族兵力，使诸王间的大混战扩大成各族间的大混战。在中国北方大地上出现了五胡（匈奴、鲜卑、羯、氐、羌）十六国（汉、前赵、成、前燕、前凉、后赵、前秦、后燕、后秦、西秦、后凉、南凉、北凉、南燕、西凉、北燕、夏）的混战局面。北方人民大量流亡，死于饥荒、疾病和战争，"流尸满河，白骨蔽野"，惨不忍睹，经济遭到严重破坏。晋室于公元 317 年南渡，迁都于建业（今江苏南京），史称东晋。在这近百年中，北方的统治者是入居的少数民族，而各国间战斗频繁，大多是无暇也无必要去筑长城。但居于河西走廊的北凉和西凉政权都在它们政权中心张掖和敦煌附近筑长城烽燧。北凉筑于张掖、山丹之北的龙首山各山口。西凉筑于党河两岸和榆林河上游，现存烽燧遗址 11 座。

公元 386 年，鲜卑族拓跋部建立起北魏王朝。公元 420 年，刘裕篡东晋皇位，建立宋朝。从此，中国历史进入了南北朝时期。

北魏明元帝时，北方的柔然逐渐强盛壮大，成为北魏的劲敌。明元帝（409～423 年）、太武帝（424～452 年）要致力于统一中原北方和防御南朝，为免腹背受敌，多次亲征柔然，又先后在北境筑长城，设置六镇，以保卫都城平城（今山西大同，城址于 1988 年被公布为全国重点文物保护单位）的安全。北魏于公元 439 年灭北凉国，结束了北方十六国近 150 年的大乱局面，统一了北方。公元 449 年又大破柔然，使柔然不敢侵犯魏边。公元 493 年北魏孝文帝迁都洛阳后，北边也很少有战争。

北魏末年，由于统治阶级贪污奢侈，荒淫暴虐，国政大坏，民怨沸腾。原设置于北境的六镇官兵受到内迁汉化贵族的歧视和边将的残酷剥削，矛盾日趋尖锐。公元 523 年，终于爆发了六镇守兵起义。反魏势力犹如燎原之火，北部地区战争蔓延，人民再度遭殃，起义的成果最终落入野心家手中。公元 534 年，鲜卑族宇文泰在关西拥立孝武帝，高欢在邺（今河北磁县）拥立孝静帝，魏分裂为东、西两部，史称东魏、西魏。在六镇起义中，柔然得以强大，又成大国，东魏不得不筑长城以防柔然。

公元 550 年，高洋篡东魏帝位，国号齐；公元 557 年宇文觉篡西魏帝位，国号周。史称北齐、北周。

北齐初，文宣帝（高洋）在连年出兵攻击柔然的同时，也筑长城防御。公元 556 年，居于柔然西的突厥灭了柔然，代替柔然成为北齐的边患。北齐多次筑长城、建重城、设障置戍，以防突厥。北齐和北周分立东西，但北周比北齐强大，北齐在西境也建了防北周的长城。在南北朝时期，北齐是筑长城次数最多的王朝。公元 577 年，北周灭北齐。其后突厥屡寇边境，北周因此修缮了北齐长城。

公元 581 年，杨坚统一了中国，国号隋。北齐、北周对立时，都各送重礼贿赂突厥，求突厥援兵攻对方，突厥愈益骄横。隋建国后，不再给突厥礼物，突厥怨恨，起兵入寇。其时突厥内部为争夺可汗位发生纠纷，公元 584 年，公元分裂为东、西突厥。隋利用突厥内部的矛盾，远交近攻，使离间计，逐步削弱突厥。但同时，隋也多次筑长城防备。隋末，由于炀帝的暴虐和不惜民力，爆发了历时 10 余年的农民起义。中国大乱，突厥乘机征服东边的契丹、室韦，西边的吐谷浑、高昌，拥兵近百万叛隋入寇，国内流民失所，有的避入突厥，突厥又成为北方大国，为患北境。

公元 618 年，李渊建立唐朝。唐初，国内仍有割据势力，政局未稳。东突厥勾结割据势力，连年寇边，攻破城邑，掳掠人口财物，甚至严重威胁到首都长安（今陕西西安，隋大兴唐长安故城于 1996 年被公布为全国重点文物保护单位）的安全。唐太宗即位后，积极训练精锐军队，以待突厥。突厥国内却因利害冲突发生不和，又遭连年大灾，牲畜多亡，民众饥寒，矛盾加剧，诸部众叛亲离。唐乘时使离间计，扶植突厥北方的铁勒部薛延陀，在漠北建立起与突厥为敌的大国。贞观三年（629 年），唐以 10 余万兵力分 6 路出击突厥，次年大破突厥，捕获可汗，徙降众居北部边境上。其后突厥也曾一度强盛，时患内地，均为唐所破。公元 745 年，突厥为回纥所灭。回纥受唐册封，与唐友好相处。

隋时分裂西徙的西突厥活动于西域诸地，东、西突厥彼此怨恨，互不救援，唐朝大破东突厥后，便移力攻灭西突厥。公元 628 年，西突厥内乱，给唐廷以机会。唐派兵先取得天山南路诸国，使之臣服于唐。显庆二年（657 年）灭了西突厥，其领土并入唐版图。

四　东汉至金长城

143

　　唐朝周边民族除东、西突厥和回纥外，还有东北的高丽、百济、新罗（均在今朝鲜半岛）、契丹、奚、室韦、靺鞨、渤海，西方的吐谷浑、吐蕃，西南方的南诏，最大的劲敌是东、西突厥。唐朝灭了东、西突厥，与其他各民族虽也有摩擦和战争，但大多数民族臣服于唐，对唐不构成威胁。

　　唐朝是我国历史上强盛繁荣的朝代，"中国既安，四夷自服"。在其统治的 290 年间，朝廷没有兴长城之役，但为一时之需曾修筑防御设施，边境的烽燧制度也很严密。据史料记载，中宗景龙二年（708 年），张仁愿在今内蒙古自治区南部筑三个受降城，置烽堠 1800 所，突厥不敢逾山牧马。西受降城在丰州西北 80 里（今乌拉特中旗西南、大黑河东岸），中受降城在秦九原郡地（今包头九原区敖陶窑城址），东受降城在榆林县东北 8 里（今托克托西南城关镇东沙岗城址，俗称大皇城）。玄宗开元年间（713～741 年），张锐在怀戎（今河北怀来）北 90 里筑了一道长城。考古调查，在今甘肃省兰州、酒泉、陇南诸地发现有唐代烽燧 28 处。敦煌莫高窟发现唐写本《沙州图经》记有沙州（今敦煌）7 座烽台名与相距里数。唐慧立《大慈恩寺三藏法师传》（卷一）记载玉门"关外西北又有五烽，候望者居之，各相去百里"。在今新疆现存的唐代烽燧遗址更多，可能达近百座。它们显然与西北诸地的防御、联系有关。据《唐兵部烽式》载，"凡边城候望每三十里置一烽"，"若有山岗隔绝，地形不便，则不限里数，要在烽烽相望"。规定每烽除烽帅、烽副各 1 人外，置烽子6人，5人伺候望、通烽火，1人知文书符牒传。"凡白日放烟，夜放火"，对如何施放烟火都有明确规定。

唐朝廷没有大兴长城之役，但唐的边国高丽国曾修过长城。高丽（公元前37年至公元668年）原称高勾丽，拥有今鸭绿江中上游和浑江流域。西汉末年建立政权，但仍属玄菟郡。晋至南北朝时最强盛，公元560年改称高丽。隋炀帝曾三次侵略高丽，唐太宗破东突厥后，有侵略高丽之意，《旧唐书·高丽传》载，高丽王建武"惧伐其国，乃筑长城，东北自扶余城，西南至海，千有余里"，"凡十六年毕功"。志书也有记载。扶余城在今吉林省农安县，一说是辽宁省西丰县城子山山城。长城遗迹已残败湮没。据了解，在北起自今吉林省德惠县，往西南，经农安县、公主岭市、梨树县，有一道土岗（当地称老边岗），一些学者认为它即是高句丽千里长城，并考证它继续走向辽宁省昌图、开原、铁岭、沈阳、辽中、辽阳、鞍山、抵营口市渤海滨。

唐自安史之乱（755～763年）后出现藩镇割据局面。唐末，黄巢、王仙芝农民起义失败，各地反动势力纷纷拥兵自立，后来演变为五代十国。公元907～960年，占据中原的五代（梁、唐、晋、汉、周）朝廷替换迅速，战争不断。唐、晋、汉二朝为西突厥的一部沙陀人所建，统治者属半开化、带游牧习气的少数民族，只知战争和掠夺。晋石敬瑭为夺得皇帝位甚至与北方日益强盛的契丹勾结，自称儿皇帝，称臣，割燕云十六州拱手献与契丹，使河北大平原无险可凭，山西省北部也仅存雁门关一处险要地，中原地区顿失天然屏障。这与日后契丹、女真、蒙古相继南侵，最终导致宋亡有密切关系。

宋朝边患严重。北方的契丹（原居于东北鲜卑故地）乘中原唐末、五代十国之乱逐渐强大。公元916年，阿保机称帝，国号契丹。公元938年，契丹获燕云十六州。公元947年，改国号为大辽，从此侵寇中原不止。宋初为统一全国，巩固政权，无暇北顾，失去了收复燕云十六州的机会，后来曾数次伐辽，但都未成功。一门英烈杨家将的故事就产生在抗辽的历史背景下。史载杨业（即演义中的杨继业、杨令公）于太宗太平兴国二年（977年）率数百骑破辽兵，威震中原。雍熙三年（986年）伐辽时，在陈家谷（今山西朔县）与辽大军遭遇，因孤军深入，寡不敌众，兵败被俘。他坚贞不屈，壮烈牺牲。山西代县城东20公里鹿蹄涧村是他的故里，后人在此建杨家祠堂奉祀杨业及演义中的杨门忠烈。

与辽侵扰的同时，西北方党项族建立的西夏国（1032～1227年）也威胁着宋朝。西夏雄踞于今陕西、宁夏、甘肃诸地，表面上臣属宋朝，却不时举兵侵掠，与宋发生过几次战争，双方伤亡惨重，最终是宋求和，"岁赐"大量财物才罢。在宋和西夏对峙时，也筑了报警的烽燧，在今甘肃省庆阳市平凉、陇南诸地发现烽燧遗址94座。

1125年，金灭辽，成为宋北方的强敌。北宋末年和南宋是在对金的战战和和中度过的。钦宗靖康二年（1127年）金兵攻陷宋都东京城（今河南开封，故城于 1988 年被公布为全国重点文物保护单位），掳走徽、钦二帝。宋室被迫南迁，都临安（今浙江杭州，故城于 2001 年被公布为全国重点文物保护单位），史称南宋。淮河以北大片领土成为金人蹂躏的统治领域。在强敌进逼之下，朝中不乏主战的忠臣良将，如李纲、种师道、宗泽、韩世忠、岳飞、张浚、吴玠、吴璘，各地人民也不断奋起抗敌，写下了一幕幕可歌可泣的悲壮历史。但由于皇帝懦弱，政治腐败，投降主和派如蔡京、童贯、白时中、李邦彦、张邦昌、黄潜善、汪伯彦、秦桧之流把持朝政，致使忠良被害，宋王朝丧地辱国，处于被侵侮的地位。岳飞"精忠报国"的事迹千古流传，人民为他建祠立庙，其中以杭州西子湖畔栖霞岭下的岳王庙、岳坟最著名。在岳王庙的忠烈祠中，岳飞塑像上方悬仿岳飞手书"还我河山"匾一方，字字掷地有声、气壮山河。墓在西侧，墓园门下跪有 4 个面向墓的铁人，即陷害岳飞的秦桧夫妇、张俊、万俟（音 mòqí，姓）卨，像后门上有楹联："青山有幸埋忠骨，白铁无辜铸佞臣。"岳飞出生地河南汤阴县的岳飞庙规模也较大。岳飞墓和汤阴岳飞庙分别于 1961 年、2001 年被公布为全国重点文物保护单位。

南宋广大人民深受战争离乱、颠沛流离之苦，盼望收复中原的日子到来。爱国诗人陆游弥留时所作的《示儿》诗深切地表达了这一愿望：

死去元知万事空，但悲不见九州同。

王师北定中原日，家祭无忘告乃翁。

五代时没有建长城。在短短的 54 年中更迭了 5
个朝代，统治者忙于争夺帝位，无暇顾及抵御外侮。
晋石敬瑭更是认契丹为父，周柴荣虽努力收复燕云
诸州，然在位短促，壮志未酬。宋朝劲敌侵寇不已，
但一味退让逃跑，也未筑长城。在明代人眼里，宋
朝未筑长城抵御外敌是历史的教训。所以，在特定
的历史条件下，是否筑长城抗敌也反映了当政者的
气节。

南宋时占据中原的金国西北边境受到塔塔儿（鞑
靼）和日益强大的蒙古人威胁，于是筑起了规模较大
的长城。

金和南宋先后为蒙古人建立的元帝国所灭。蒙古
铁骑入主中原时烧杀抢掠，战争非常残酷，遭到了广
大人民和宋军的抵抗。张世杰、陆秀夫、文天祥的英
勇事迹都是惊天地、泣鬼神的，人民永远纪念他们。
文天祥在元大都（今北京）遇害后归葬故里庐陵祖墓，
在今江西省吉安县有文天祥墓，供人瞻仰。在抗元地
浙江省温州市江心屿和遇害地北京市府学胡同都建有
文天祥祠以缅怀其忠烈。

蒙古人的铁蹄征服了半个世界，在中国建起的元
朝（1271～1368 年）拥有大漠南北。这 100 年间也没
有长城之役。

东汉至南宋千余年间，政权几经更迭，而居于
北方的劲敌是换了一族又一族，始终威胁着中原人
民的生活。由于中原政权的强弱和对外政策的不同，
有的朝代兴筑了长城，有的朝代没有兴筑。纵观这

一时期所兴筑的长城工程，规模不大，历时大多短暂，除金长城外，长度也都有限。一些地段早已被夷为平地，使考古工作存在一定的难度。因此，除金长城外，其他各时代的长城仍处于调查、探索和研究之中。

东汉抗匈奴长城

东汉之初，天下汹汹，豪杰叛军并起，匈奴乘机寇扰边郡，北方的反汉势力又往往勾结匈奴以壮大自己。如叛将渔阳太守彭宠反后，自称燕王，遣使以美女、缯彩贿赂匈奴，要与匈奴结和亲，单于使左南将军率七八千骑，往来为游兵以助彭宠。尤其是卢芳勾结匈奴，为害时间较长，影响较大。卢芳乃安定三水（今宁夏固原北）人，诈称是汉武帝曾孙以蛊惑群众，为求得匈奴支持，诡言曾祖母是匈奴谷蠡浑邪王之妹。王莽末年，卢芳起兵，建武元年（公元25年），三水豪杰共推其为上将军、西平王，遂派使者与西羌、匈奴和亲。匈奴以数千骑迎立卢芳为汉帝，又勾结边境豪猾势力，拥兵入五原塞，建都于九原县，掠有五原、朔方、云中、定襄、雁门五郡，并设置官吏侵苦北边。建武初年，光武帝为平定中原诸叛将和反汉势力，东征西战，未遑北顾，而几次派去抗御匈奴、卢芳的军队又连连失利，匈奴益寇掠不息。光武帝非常忧虑，遣将军屯田晋阳、广武、常山（治元氏，今河北元氏西北）、涿郡（治涿县，今河北涿州）、渔阳，以充实边郡。建武十二年，中原基本平定，光武帝逐渐致力北边，并筑塞加强边防，而所筑塞以烽燧亭障为主。见于《后汉书》记载的有如下举措：

建武十二年十二月，"遣骠骑大将军杜茂将众郡驰刑屯北边，筑亭候，修烽燧"。驰刑即赦令罪犯脱去刑具钳钛和囚衣。

建武十三年，"诏（王）霸将驰刑徒六千余人，与杜茂治飞孤道，堆石布土，筑起亭障。自代至平城三百余里"。工程在山西北部和河北西北部。

建武十四年，扬武将军马成"代骠骑大将军杜茂缮治障塞，自西河（今内蒙古东胜）至渭桥（今陕西咸阳东南），河上（今陕西高陵）至安邑（今山西夏县），太原（今山西太原）至井陉（今河北井陉），中山（今河北定县）至邺（今河北磁县），皆筑堡壁，起烽燧，十里一候"。

卢芳于建武十六年降汉，但匈奴之祸未解，有时与鲜卑、乌桓联兵，杀掠吏民。建武二十一年，又遣中郎将马援与谒者，分筑烽候堡壁。马援将3000骑出高柳（今山西阳高），行经雁门、代郡、上谷障塞。可见这一带边防之严。

公元46年，匈奴遭连年旱灾、蝗灾，又发生内讧，乌桓乘乱击破匈奴，匈奴北徙，幕南地空，边境得缓解。光武曾诏罢诸边郡亭候吏卒。公元48年，南、北匈奴分立，匈奴遂弱。

东汉所筑塞大多已湮没，至今考古未能发现和确指。

北魏、东魏抗柔然长城

北魏是鲜卑族拓跋部建立的政权。鲜卑是东胡的一族，原居辽东境外。鲜卑长期停顿在原始社会阶段，以游牧射猎为业，生活俭朴，没有文字，刻木记事，号令约束全凭语言。公元91年（和帝永元三年），窦宪大破北匈奴，北匈奴远遁后，鲜卑乘虚占据北匈奴土地，势力渐盛，遂成为北方的一大劲敌。东汉末年，鲜卑已拥骑兵10万，南寇汉边，北拒丁零（贝加尔湖地带的游牧民族），东挫扶余（西汉至北魏活动于松嫩平原的少数民族），西击乌孙（其时居于伊犁河和伊塞克湖一带的少数民族），在匈奴故地上建立起东至辽河流域，西及西域，东西14000余里，南北7000余里的军事行政大联合体。魏晋时，诸部大臣中宇文氏、慕容氏、拓跋氏相继兴起。宇文部居辽东塞外，慕容部居辽西，拓跋部居并州塞外，西晋末始进入并州。由于与汉族接触日多，鲜卑人潜移默化而逐渐接受汉文化，并参与中原逐鹿。公元310年，拓跋部酋长猗卢受晋封为代公，获陉岭以北地（今山西代县西，勾注山以北）。公元314年，晋封为代王，建立起封建国家，但国内原始社会残余势力仍强，斗争激烈。公元340年，定都盛乐（今内蒙古和林格尔土城子城址），开始有了农业。公元386年，拓跋珪改国号为魏，利用汉族士人，整顿政治，同时，大力征伐，10余年后，大河以北诸州郡咸属于魏。公元398年，魏建都平城，翌年改称皇帝。北魏政权是汉化的鲜卑人政权,在政治上依靠汉族士人,军事上依靠鲜卑人,鲜卑人自身亦逐渐在汉化。在拓跋氏逐鹿北方、建立北魏政权前后,它的北方新兴柔然成为劲敌,形成后顾之忧,使它不得不防范。

柔然始祖原是拓跋部掠骑捕获的奴隶,因秃头,给名木骨闾。后木骨闾逃走,投奔纥突邻部,其子雄健勇武,自立一部,号称柔然。北魏统治者蔑视他,认为他无知,状类于虫,给他一个侮辱性名称叫蠕蠕,南朝称他为芮芮或茹茹。柔然无文字,刻木记事,将帅以羊屎粗记兵数,随水草畜牧,冬则迁徙漠南,夏则还居漠北。5世纪初,柔然始强,东自朝鲜之地,西逾阿尔泰山和焉耆国相邻,北越沙漠及贝加尔湖南,南临大戈壁,建立起奴隶制汗国,设庭于敦煌、张掖北。

柔然的强盛和连年进犯无疑是北魏争霸中原的后方威胁。明元帝、太武帝都亲征讨伐。太武帝亲征10次之多。始光元年(424年),太武帝被柔然铁骑重重包围计50余层。至神䴥二年(429年),魏大军分兵深入,东至瀚海,西及张掖水,北渡燕然山,其范围东西5000里,南北3000里,得柔然降人30余万,马100余万匹,牲畜数百万头。太安四年(458年),用车15万辆、骑10万,旌旗千里,远渡大漠。柔然远遁,文成帝乃刻石纪功而还。从此之后,柔然畏威北走,不敢复南,边境息警。其后柔然虽也再起犯塞,均未成大患,柔然和北魏维持着朝贡与和亲的关系。

在明元帝、太武帝征伐柔然的同时，也多次筑长城和设镇防御，据《魏书》记载：

明元帝泰常八年（423 年）正月，"蠕蠕犯塞。二月戊辰，筑长城于长川（今内蒙古兴和西北）之南，起自赤城（今河北赤城），西止五原，延袤二千余里，备置戍卫"。该长城是在赵北长城、秦汉长城的基础上有所增益改造而建成的。经调查，它东起自赤城县东南独石口北的大山上，东北行至骆驼砦、桦皮岭，往南沿崇礼县、赤城县交界再向西，抵万全县、张北县交界的黄花梁，至怀安县桃沟村入内蒙古兴和县，再经丰镇县、察右前旗、卓资县、察右中旗、呼和浩特市区、武川县抵固阳县，一些地段又被明代所利用。在内蒙古境内遗迹不甚清晰或已无遗迹，河北境内的长城墙体也坍塌严重几成土垅或呈石堆状，存高约 1 米，基宽 2～3 米。

太武帝延和元年（432 年）七月，车驾至和龙，"发其民三万人穿围堑以守之"。和龙在今辽宁省朝阳市。

太武帝太平真君七年（446 年）六月，"发司、幽、定、冀四州十万人筑畿上塞围，起上谷（今河北居庸），西止于河，广袤皆千里"。九年二月"罢塞围作"。按记载这段长城应东起居庸，西抵黄河东岸，行走于河北省西北部和山西省北部，它应是围绕于首都平城的北部以捍卫京畿的，故称畿上围塞。据调查，畿上塞围大概是东端由北京市门头沟区的东灵山进入河北涿鹿县，西行经蔚县，入山西广灵县，经繁峙县、代县、宁武县、岢岚县，止于黄河东岸。在河北境内所见墙体为石砌，保存良好者残高约 3 米，基宽约 3.1 米。然而它起于北京市，行经和止于山西省，而北京市和山西省经近年的调查均未能予以确定，此疑案只能留待今后解决了。

太武帝时，为加强防御，在长川之南的长城险要处设置了六镇，此六镇自西往东为怀朔、武川、抚冥、柔玄、怀荒、御夷镇。经考定，怀朔、武川、抚冥、柔玄镇在今内蒙古自治区境内，即怀朔镇位于今固阳县白灵淖尔乡城圐圙村；武川镇位于武川县西；抚冥镇在四子王旗东南；柔玄镇在兴和县台基庙东北；怀荒镇在今河北省张北县；御夷镇在今赤城县北独石口一带。有的学者认为，六镇中有沃野镇而无御夷镇。沃野镇在今内蒙古自治区乌拉特前旗苏独伦乡根子场村南。怀朔镇故城和沃野镇故城于 2006 年被公布为全国重点文物保护单位。这些镇都置重兵把守，在边防上起了重要作用。

《资治通鉴·齐纪》记载，孝文帝太和八年（484 年），高闾上表建议："今以依故于六镇之北筑长城以御北虏，虽有暂劳之功，乃有永逸之益，如其一成，惠及百世。即于要害，往往开门，造小城于其侧，因地却敌，多置弓弩，狄（即柔然）来有城可守，有兵可捍。计六镇东西不过千里，若一夫一月之功，当三步之地，三百人三里，三千人三十里，三万人三百里，则千里之地，强弱相兼，计十万人一月必就。"这项建议，后世史家多认为未予采纳，故未建长城。但经近年考古调查，在六镇之北确有一道长城遗迹，从而确证了文献记载之不妄。这段长城西南端见自内蒙古武川县水泉村北，北走至达尔罕茂明安联合旗南，再往东北抵四子王旗东，后向东南行经察哈尔右翼中旗、察哈尔右翼后旗，折东走历商都县、化德县、河北康保县、内蒙古太仆寺旗、正蓝旗、多伦县，南去至河北丰宁县乌孙吐鲁坝西麓止。全长约305公里。墙体用土堆积而成，有的地段曾经夯筑，破坏严重，现已成弧背形土垄，存高约0.1～1米，宽约2.5～3米，一些地方已被改成为公路。沿线未发现障城或烽燧遗址。长城的部分地段为金代界壕所利用。

北魏末年六镇起义时，统治者竟利用柔然兵力来消灭六镇军民，六镇也因此受到破坏，"六镇荡然，无复蕃捍"。长城以北归柔然汗国所有，柔然又得以强大。东、西魏分裂后，与柔然结和亲，以图支持。其时，东魏丞相高欢也曾筑了一道简易的长城，《资治通鉴·梁纪》载在孝静帝武定年间，高欢"筑长城于肆州（今山西忻县）北山，西自马陵（今山西静乐），东至土磴（今山西代县西南）。四十日罢"。

这条长城经考古调查，大体上呈东西走向，西端见于宁武县城西，依管涔山东坡下行，又沿凤凰山西坡而上，东走入原平县，终于黑峪村北。长约110公里。墙体大部分为片石垒砌，少量系夯土构筑。片石垒砌墙体有采用在墙体两侧为片石，而每隔几米、十几米不等中间垒一隔墙，中填碎石和杂土；或者先用片石垒砌至一定高度，于其上平铺一层小整树，依此

155

层层垒放，墙体存高约 1.4～3 米，基宽 3～6.5 米。夯土构筑的墙体则破坏严重，存高 1 米。沿线发现 5 座城障遗址。此长城后为北齐所修缮沿用。

北齐、北周、隋抗突厥长城

北齐、北周都是鲜卑人建立的汉化政权。北齐始祖高欢是怀朔镇人，他参加了六镇起义，攫取了起义成果，拥立孝静帝，史称东魏，自任丞相。公元 550 年，高洋篡位，以六镇鲜卑人为基础建立起北齐政权。北齐初年，北方柔然逐渐衰弱，文宣帝（高洋）也筑过长城防柔然，但这时突厥已崛起，于公元 556 年灭了柔然，代之而成为北方强国。

突厥本居西域高昌国的北山里，北山即今天山主峰博格达山，盛产铁、铜、煤。突厥世代过着锻铁和游牧生活。柔然征服高昌国后，突厥部落被柔然役属，迁到金山（今阿尔泰山）南，为柔然做铁工。突厥族以狼为图腾，史载"其俗畜牧为事，随逐水草"，"穹庐毡帐，被发左衽，食肉饮酪，身衣裘褐，贱老贵壮"，"善骑射，性残忍"，"无文字，刻木为契，候月将满，辄为寇抄"，"父兄死，子弟妻其群母及嫂"，"敬鬼神，信巫觋，重兵死而耻病终，大抵与匈奴同俗"。公元 546 年，突厥酋长土门袭破铁勒部，得降众 5 万余，自称伊利可汗，从此强盛。公元 552 年，突厥袭破柔然于怀荒镇北，公元 554 年进击沃野镇，柔然主逃奔西魏，最后被突厥所杀。突厥灭柔然后，又西破嚈哒（Hephthalites，亦称挹怛，汗国名），东逐契丹，北并契骨，辖地东起辽海，西至西海（咸海），南自沙漠，北抵北海，东西长万余里，南北广五六千里。北齐、北周连年交兵，两国争与突厥结姻好，倾其府藏以贡献财物。北周曾与突厥连兵攻北齐。终齐一代北患不断，也常建边防以自卫。据《北齐书》载，北齐所筑长城、城障工事有：

文宣帝天保三年（552年），"十月乙未，（帝）至黄栌岭（在今山西离石吴城镇），仍起长城，北至社平戍（在今山西五寨北），四百余里，立三十六戍"。该长城是为了保卫高氏军事中心晋阳的。经考古调查，长城应起自山西省吕梁市离石区吴城镇西南黄栌关，往北偏东行，经方山县、岚县、奇岚县，抵达五寨县，长约200公里。遗迹保留甚差，仅在五寨县城南的大洼山见有沙石垒砌的墙体，残长约1500米，存高约1～4米，基宽约2～5米。

天保六年（555年），"诏发夫一百八十万人筑长城，自幽州北夏口（今北京昌平北居庸关南口），至桓州（州治在今山西大同），九百余里"。据河北省考古学者的调查和研究，此长城应从北京市往西行，入河北亦城县东南的金鸡梁，北走至白草鞍梁后则利用了北魏长城，经沽源、崇礼、宣化、张家口、万全、张北、尚义、怀安诸县市入内蒙古兴和县。可长城所涉及的北京市和内蒙占未见正式报导。

天保七年，"先是自西河（今山西汾阳），总秦戍（今山西大同西北）筑长城东至于海，前后所筑东西凡三千余里。率十里一戍，其要害置州镇，凡二十五所"。这里所载应总前而言，而有所修缮，并增延至海滨，布防也比以前严密。据考古调查，长城遗迹西南起自山西省吕梁市兴县魏家滩镇西坡村西南，大致取往为东北走向，经岢岚、五寨、宁武、原平、代县、山阴、应县、浑源、广灵诸县，东出山西入河北省蔚县，往东沿用北魏"畿上围塞"入北京市，至密云县与滦平县交界的古北口，再东历滦平、兴隆、遵化、迁西、迁安、宽城、青龙、抚宁诸县，直入山海关角山、馒头山，有学者认为它可东延抵辽宁省绥中县渤海之滨，然而无迹可寻。在山西宁武、原平段是利用了东魏的肆州长城。也有学者认为山西段原本也是北魏的"畿上围塞"。在山西境内长约 500 公里。该长城在后代曾多次修缮使用。墙体构筑因地制宜，遇土山用夯筑，遇石山用石垒砌，也有以山险为墙的，而大部分墙体则是采用片石垒砌或土石混筑，保存较差，有的地段已成低垄状。残高约 0.5 ~ 4 米，基宽约 1.2 ~ 12 米。沿线发现城障遗址 3 处。

天保八年，"于长城内筑重城，自库洛拔（在今山西朔县西南）而东，至于坞纥戍（今山西繁崎平型关东北），凡四百余里"。

北齐多次筑长城，构筑年代又相隔不远，在文献记载中长城的位置往往是语焉不详，这为长城的考古考察带来了极大的难度。尽管所涉及的省、市组织了认真的调查，取得了显著的成绩，然而仍不能尽如人愿。例如天保六年、天保七年和天保八年所筑的长城，年代相隔各仅差一年，主要地段的位置走向又甚相似，只是天保七年在首尾有不少的延长。可以说，这难坏了考古人员。经切磋和研究，山西省的学者将三年三次所筑的长城合为一线，系其在天保七年；河北省的学者认为可将天保六年和七年所筑的长城分开；北京市的学者笼统称其为"早期长城"（就北京而言），对此是这样记述的：密云境内古北口段，自西山野猪岭的高楼起朝东南延伸，经潮河关关城，沿山脊至小花楼，从小花楼至大花楼为断崖未筑墙，跨越潮河后又东至蟠龙山、石盆峪东山，向南经大西沟、五里坨南山、大岭抄梁子、窟窿山、丫髻山、司马台北山，至司马台关口。长约 20 余公里。墙体已坍毁，仅存碎石和部分残墙基。一些地段为明长城所利用。又称：自门头沟大村至昌平老峪沟、禾子涧的长城可能亦属北齐修建。

武成帝河清二年（563 年）三月，"齐诏司空斛律光督步骑二万，筑勋掌城于轵关（在今河南济源西北）西，仍筑长城二百里，置十三戍"（《资治通鉴·陈纪》）。轵关为"太行八陉"的第一陉，北依太行之固，南临王屋之险，关当轵道，为兵家必争之地。勋掌城在关西约 1.5 公里处。在这里筑长城和勋掌城，是为防北周。筑城次年，北周为配合突厥攻齐，即集 20 万大军，分兵从这一带进军，少帅杨㩗率万余人出轵关，孤军深入，被齐大破于轵关，周军遂退。轵关长城遗迹起于山西省阳城县东南的轵关，向东进入河南省济源市，再东复入山西泽州县晋庙铺镇斑鸠岭村，又东止于大口村之东满安岭断崖上。全长约 100 公里。

在泽州县境保存较好，墙体为石块垒砌，残高约 3~4
米，基宽约 4 米。

后主天统元年（565 年），"（斛律）羡以北虏犯
边，须备不虞，自库堆戍东拒于海，随山屈曲二千余
里，其间二百里中凡有险要或斩山筑城，或断谷起障，
并置立戍逻五十余所"。该工事大概是循天保年间所筑
长城之旧。

北周是鲜卑族宇文部所建的政权。统治者为了专
力对齐，屈意交接突厥。公元 577 年，灭齐的次年，
武帝亲率大军分 5 路伐突厥，不幸败死。突厥扰边益
厉，周于是修长城防御。《周书》载道：

静帝大象元年（579 年），"发山东诸州民修长
城"。又说："诏（于）翼巡长城，立亭障。西自雁
门，东至碣石，创新改旧，咸得其要害云。"《资治通
鉴》注《北周书》说：修齐之长城也。可见是在齐北
境长城上创新改旧的。地名碣石者多处，一说在河北
省昌黎县北，或说在卢龙县南；一说在辽宁省绥中县；
一说在朝鲜民主主义人民共和国平壤市南，都在海畔。
这里的碣石应指河北省的碣石。

隋文帝建国后，一反北齐、北周对突厥奴颜婢膝
的政策，"待突厥礼落，突厥大怒"。公元 581 年，正
值故齐营州（州治在今辽宁朝阳）刺史高宝宁作乱，
突厥与之合军，攻陷临渝镇（今河北抚宁东境）。次年
五月寇入平州（州治在今河北卢龙），突厥尽起本部兵
10 余万及所属四可汗兵共 40 万"控弦之士"入长城。
公元 583 年，突厥纵兵深入，寇武威、天水、安定、

金城、上郡、延安西部诸地，"六畜咸尽"。文帝甚忧，因此即位之初就筑长城。隋代虽采用远交近攻、离间突厥内部各汗的政策很是成功，但突厥仍构成边患，隋多次修长城，据《隋书》记载：

开皇元年（581 年），"会营州刺史高宝宁作乱，沙钵略（突厥大可汗）与之合军，攻陷临渝镇。上（文帝）敕缘边修保障，峻长城，以备之"。"四月，发稽胡修长城，二旬而罢"。

开皇三年二月，"突厥寇边"，"三月癸亥，城榆关"。榆关或称渝关、临榆（渝）关，位于今之山海关，隋时在卢龙县境内。据《隋书·地理志》载，北平郡卢龙县有长城，其时不仅修建了关城，也应在附近修有长城。榆关形势险要，兵家必争。唐代王昌龄《从军行》即生动地描绘了这里的战争情景：

大将军出战，白日暗榆关。
三面黄金甲，单于破胆还。

开皇五年，"令发丁三万，于朔方、灵武筑长城，东至黄河，西距绥州（今陕西绥德），南至勃出岭（今陕西绥德北，或说是横山的一个山峰），绵亘七百里。明年上复令（崔）仲方发丁十五万，于朔方以东缘边险要筑数十城，以遏胡寇"。又说："开皇六年二月丙戌，发丁男十一万修筑长城，二旬而罢。"所指应均是崔仲方所主持的长城和城障工程。绥州东离黄河仅数十里，而西离黄河约有 700 里，故记载方位有误，应是西至黄河，东距绥州，其位置恰跨朔方、灵武郡境。

"开皇七年二月，发丁男十万余修筑长城，二旬而罢。"

大业三年（607 年）七月，"发丁男百余万筑长城，西距榆林，东至紫河（河名，流经今内蒙古和林格尔南），一旬而罢"。丁役死者十有五六。大业四年三月，"乙丑，车驾幸五原，因出塞巡长城"。"秋七月辛巳，发丁男二十余万筑长城，自榆谷以东"。九月"辛巳诏免长城役者一年赋税"。这两年所筑长城应是一道，"绵亘千里"。《隋书·地理志》载定襄郡大利县（今内蒙古和林格尔）有长城，应与之有关。

隋筑长城，役使民夫数量动辄数十万，上百万，但所历时间都不长，所筑质量应欠佳，今遗迹难觅。

金代抗鞑靼、蒙古长城

金是女真族在我国北方建立的国家。女真族原散居于长白山北、松花江及黑龙江流域。商周时称肃慎，两汉时称挹娄，南北朝时称勿吉，隋唐时称靺鞨，其中一部粟末靺鞨曾建立渤海国（698～926 年）。五代时改称女真（也称女直），臣属于辽国，每年要向辽贡献良马、金、珠、人参、貂、猎鹰等特产。11 世纪末，女真族完颜部逐渐强大，建立了各部落的联盟。1114年开始抗辽。1115 年，完颜部首领阿骨打称帝，国号金。1125 年灭辽。1127 年逼宋南渡。金占据了淮河以北的广大地区，东境从混合江（今松花江）下游直抵

海边，北至大兴安岭，西与西夏为邻。金初期都于上
京会宁府（在今黑龙江阿城南 2 公里处），是完颜部的
世居地和发祥地。1153 年，迁都于燕京（今北京西
南），称中都。金上京会宁府遗址已于 1982 年被列为
全国重点文物保护单位。

在金国称雄中原之时，金的西北方、大兴安岭外
有强悍的鞑靼诸部形成威胁。鞑靼人游牧于今蒙古人
民共和国境内及贝加尔湖一带的富饶草原。雄踞东部、
控有呼伦草原的塔塔儿部原臣服于金，进献贡赋，因
不堪压迫，常起来反抗，而且屡屡兴兵寇金。在塔塔
儿之西的蒙古部，这时却正在悄然兴起。12 世纪中叶
之前，蒙古各部落已产生了军事领袖。不久，又组成
了强大的部落联盟，首领称为可汗。至铁木真时，铁
骑征服了西抵阿尔泰山、东至黑龙江上游的各部，建
立起蒙古帝国。1206 年，铁木真被推为蒙古大汗，尊
称成吉思汗，以灭金、侵宋、统一全国为大业。蒙古
初时也臣属金国，在崛起和壮大中不断侵扰金的领土。
金为抵御塔塔儿和蒙古的侵犯，自熙宗（1135～1149
年）以来即连年出兵征战。同时为了巩固边防，在西
北境开掘了界壕，即长城。

根据文献记载与近人研究，金界壕之开掘始自熙
宗天眷（1138～1140 年）以前。世宗（1161～1189
年）时有大规模的工程。章宗明昌年间（1190～1195
年）再度修筑，承安三年（1198 年）基本完成。

金长城在历史上多被称为界壕或边堡。工程是掘
地为沟堑，以阻止游牧民族的马骑，但因地处塞外草

原，人烟稀少且风沙大，沟堑常被湮没，所以沿沟堑的要害处又筑有边堡，以屯戍军卒，形成一条防御线。

从考古调查得知，金界壕主要分布在今内蒙古自治区境内。分南、北两线，两线基本平行，取东北向西南走向。

南线东北起自大兴安岭东南麓、嫩江西岸莫力达瓦旗尼尔基镇北，西南至于武川县大青山上。首起即作内、外两线，分别起自尼尔基镇北约 8 公里的前七家子村和后七家子村，并行约 10 余公里重合，沿大兴安岭山麓伸延，经阿荣旗、布特哈旗（今扎兰屯市）、扎赉特旗，到科尔沁右翼前旗乌兰毛都乡满族屯复分为内、外两线。外线经突泉县、科尔沁右翼中旗沿霍（呼）林河上游越大兴安岭，过霍林郭勒市，入东乌珠穆沁旗，在东乌珠穆沁旗西部进入蒙古人民共和国境内，从阿巴嘎旗北部的甘珠庙附近再入中国境内，西南伸延穿越苏尼特左旗、苏尼特右旗，在四子王旗补力太庙东约 20 公里处和内线会合。内线自满族屯分出后，经突泉县周家街，在科尔沁右翼中旗吐列毛都乡的东白音乌拉跨过霍林河，沿昆都伦河北岸往西南，经扎鲁特旗、阿鲁科尔沁旗、巴林左旗、巴林右旗、林西县、克什克腾旗、翁牛特旗，赤峰松山区，进入河北省围场县、丰宁县，复入内蒙古多伦县西南部。沿达来诺尔湖西岸伸至正蓝旗。在正蓝旗汉克拉苏木境又分支线。北支线经正镶白旗、镶黄旗北部，西延至商都县。南支线取往南向西走成弧线，中经正蓝旗黑城子、太仆寺旗、河北省康保县、化德县等地，与北支线会于商都县。两支线会合后复西行，经苏尼特右旗、察哈尔右翼后旗，至四子王旗补力太庙，与外线相合。相合后又南走，经达尔罕茂明安联合旗，至武川县西上庙沟村西南约半公里处转上山，从大青山后南北两山脉间缓缓爬至主峰北侧，陡然升高至海拔 1850 米止。

南线上还有三条支线：其一，在外线的北侧，起自科尔沁右翼前旗索伦军马坊境，沿果以其根河，经毛西盖沟，越乌盖河，经东乌珠穆沁旗东北，西北向进入蒙古人民共和国，止于贝尔湖西南。在中国境内长 200 余公里。其二，在内线内侧，起自扎赉特旗解放屯，经科尔沁右翼前旗好仁乡太平山、大石寨乡、古迹乡，至突泉县与内线会合，全长 100 余公里。其三，在内线内侧，起自林西县，南行至克什克腾旗，全长约 200 公里。

南线总长约 6500 公里。在中国境内长约 4000 余公里。

南线长城当时分属于东北路、临潢路、西北路、西南路修筑和管辖。四路界壕的起止都有记载，如东北路起自达里带堡子（即今内蒙古莫力达瓦尼尔基北），止于鹤五河堡子（鹤五河即今霍林河）；临潢路自鹤五河堡子至胡烈么；西北路东起胡烈么西至坦舌；西南路自坦舌以西。胡烈么、坦舌未考定。概言之，霍林河东北的地段属东北路，霍林河西南至达来诺尔湖属临潢路，达来诺尔湖至商都县归西北路，商都以西归西南路。东北路界壕开筑最早。内线推测是明昌、承安年间所筑，即史称的"明昌新城"。内线上复线重重，防御上最为重要。复线最多处南段正拱卫着金中都的京畿之地，

165

北段拱卫了女真完颜部的发祥地金上京会宁府。

金界壕的北线分布在呼伦贝尔西部、大兴安岭北，或称岭北线。东起自呼伦贝尔盟额尔古纳右旗上库力村，沿根河南岸西行，后折向额尔古纳河东岸，南走至红山嘴，越河进入俄罗斯共和国境内，沿河北岸向西南延伸，至满洲里市北复入我国境内，穿过新巴尔虎右旗北部出境入蒙古人民共和国，沿克鲁伦河与乌勒吉河之间的草原伸向西南，止于鄂嫩河之南与乌勒吉河河源之北的沼泽地，全长约 700 公里，在中国境内长约 256 公里。关于北线的所属有不同看法，有人根据辽的疆域和历史背景提出，它应是辽代的军事防御工程（见图 11）。

图 11　金代界壕位置示意图

　　界壕的形制，除掘地为堑壕外，还把堑壕内挖出的土石堆筑在内侧，不与夯实或加夯实形成长墙。现壕一般宽 5～8 米，深 2～3 米；墙基宽 5～8 米，高 2.5～5 米。在南线的内线之外侧筑有副墙、外壕，形成主墙、内壕、副墙、外壕 4 道防线。副墙、外壕规模略小。在主墙或单墙上加筑马面和烽火台。马面伸出墙外 4～5 米，底宽 6～8 米，高出墙身 1 米多。各马面间距在南线为 60～150 米，北线为 20～40 米，均设于险要地段或转弯处。马面的构筑、用途与早期长城上的墩台及明长城的敌台有相同之处，但作为仅突出于墙外侧的马面，目前只见于金长城上。烽火台多设于山顶或谷口，便于瞭望和传警，有的也建于堑壕附近。残高 5～6 米，间距 500～2500 米（见图 12）。

图 12　内蒙古金长城

　　各线的内侧均设置边堡和关城。关城位于交通要道上，在界壕上留有出入口，于内侧加筑 3 面墙，一面置门，平面呈方形，边长 30～40 米不等。边堡于南线大约10公里置一座，北线堡距则为10～20公里。堡址平面呈长方形或方形，小者边长30～50米，堡内有简单的建筑，离界壕很近，应为守边戍卒居住之处，因此也称戍堡；大者边长120～200米，墙上有马面、角楼，个别门外加筑瓮城。堡内正中有一处方形建筑，或建内城为官吏处所，周围有一排排小房，为兵卒所居。堡离界壕数米或远至数千米。在霍林河矿区曾发掘边堡两座，均设内城，兵卒所居房呈长方形或为圆形帐篷式，居室内有取暖火坑，屋外有水井，反映了戍兵的生活习俗（见图13）。在这两座边堡的附近、

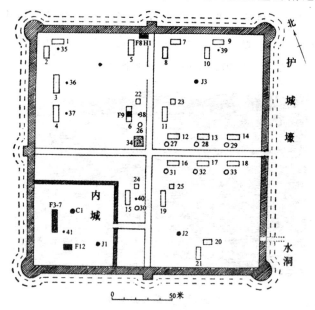

图13　金代边堡平面图

1—21. 长方形台基；22—25. 方形台基；26—33. 圆形台基；34. 高台；35—41. 方石；J1—J3. 水井；F1—F9. 已发掘房基址；C1. 已发掘帐篷址；H1. 灰堆

界壕的内侧就近又曾置3座附壕小戍堡，当为戍卒守边时所用。在科尔沁右翼中旗西北部、霍林河北岸的吐列毛都镇试掘了东西相距160米的两座边城，从城的形制和城内成排成列的兵房、粮穴分析，当与界壕的军事防御有关，很可能是东北路所辖的一处军事重镇。

金界壕遗址于2001年被公布为全国重点文物保护单位。

五 明长城

 明代的边患

明朝（1368～1644年）300年间，边患始终未断，主要威胁来自北境的蒙古和东北的满族，前200余年是征讨和抗御蒙古，后近百年是抵御满族。

1368年，朱元璋在南京称帝，建立明朝，年号洪武。洪武九年，大将军徐达率师北上取元大都（今北京）。元顺帝妥懽帖睦尔北遁出塞，逃往开平（今内蒙古多伦东南），后又退至应昌（今内蒙古克什克腾旗达来诺尔附近）。元人北归后，屡谋兴复，不断遣将骚扰北边。太祖朱元璋为保卫初建的明政权，频频派徐达、常遇春、李文忠、沐英、冯胜、蓝玉率大军出征打击。1387年，破元大军深入至捕鱼儿海（今内蒙古贝尔湖），大捷，俘获7万余人，"漠北削平"。朱元璋在征讨元人的同时，也试图与之修好，但都失败了。于是着手加强边防，遣大将巡视塞下，开办屯田，并令严守边防，敌来即与击败，在北平、山西一线防备最严。

明成祖永乐（1403～1424年）迁都北平（今北

京），地近北境，对边防尤为重视。永乐初，元后裔五传至坤帖木儿，势已微弱。这时，鬼力赤篡位，自称可汗，去元国号，从此称鞑靼。蒙古内部也发生分裂。鞑靼西部，原为元强臣猛可帖木儿所据，猛可帖木儿死，众分为三部，统称瓦剌。鬼力赤和瓦剌互相仇杀，也常来侵扰边境。永乐七年（1409年）夏，明封瓦剌三部首领为特进金紫光禄大夫，又分别封为顺宁王、贤义王、安乐王，以图羁縻。鞑靼东为蒙古兀良哈部所居，地当黑龙江南，长城以北。明太祖在这里设朵颜、福余、泰宁三卫，置大宁都司，并封皇子权为宁王镇守。朱棣起兵夺帝位，宁王乃后顾之忧。于是厚赂三卫拥宁王入关。成祖即帝位后，徙宁王到江西南昌，迁大宁都司于保定，尽割大宁地给三卫，以作报偿。兀良哈部势力较弱，受鞑靼、瓦剌欺凌，但也常时附鞑靼、瓦剌，掳掠辽东、蓟、大同诸边。

开始时，鞑靼最强盛，成祖曾赐书安抚，他不但不听，反斩杀使者。永乐七年，成祖命五将军率精骑10万北讨，结果五将军皆战死。翌年，帝亲将50万众出塞征讨，鞑靼大溃，帝追至斡难河（黑龙江上源之一，斡难河源乃蒙古族世居之地）而班师。鞑靼主愿内附贡马，封为和宁王。鞑靼反复无常，稍得休养生息，又来侵扰。成祖三次亲征，竟于1424年崩于亲征的班师途中。

瓦剌亦待机而动。1413年冬拥兵边境，成祖亲率精骑驰击，斩王子10余人，部众数千级，瓦剌主马哈木脱身遁走。经此打击，马哈木贡马谢罪，明朝也同

171

他修好。明代初年，国家强盛，鞑靼、瓦剌虽侵寇无常，但总有所制，明朝廷也愿通好安抚，同时加强边防，因此未构成严重的边患。

明成祖三次亲征鞑靼后，鞑靼又数败于瓦剌，部曲离散、逐渐衰落。1436 年，瓦剌马哈木子脱懽嗣位顺宁王后，杀贤义、安乐两王，尽并其部众。1439 年也先继位，北部皆服属也先，又攻破哈密，联结西部蒙古诸部，东破兀良哈，威胁朝鲜。也先瓦剌的崛起对明朝是严重的威胁。

明自成祖以后，皇帝多平庸、昏聩。宦官参与政事，更是上下其手，胡作非为。朝中正气不伸，贪污腐化滋长。正统（1436～1449 年）以后，边备废弛，声威不振，以致蒙古"诸部长多以雄杰之姿，恃其暴强，迭出与中原抗"，竟酿出"土木之变"。

蒙古诸部贪图中原的财富，除不时入侵掳掠外，也与明朝廷保持朝贡关系，明朝廷为羁縻他们，赐赉丰厚。按定制，瓦剌入朝，使者一次不过 50 人，也先贪图朝廷爵赏，迭增至 3000 人，并索取中国贵重难得的物品，稍不满足，便寻事端入侵，还借入朝之便窥探朝中虚实。在使者来往途中，也先部又大肆杀掠，因此边民苦不堪言。正统十四年（1449 年），也先因朝廷所赏不如其意，便诱胁诸部，分道大举入寇，边境告急。太监王振挟英宗亲征，太监郭敬监军，诸将都由太监所制。大军至大同，因形势危急不利，仓忙退回土木堡（今河北怀来东），也先轻骑追至，明军溃败，死伤数十万，英宗被掳。这次由明朝廷昏聩无能所招致的惨败，史称"土木之变"。

1455年，也先被杀，瓦剌遂衰，而鞑靼又代之而起。此后100余年，中国边境东自辽东，西至甘肃，灾难连年无宁岁。鞑靼常率数万铁骑入寇，如入无人之境，以山西、河北西北部、陕西诸边所受蹂躏最甚。他们隳边垣、毁城堡，长驱直入，残酷杀戮。嘉靖二十一年（1542年），竟由太原南下，沁、汾、襄垣皆被践踏。隆庆元年（1567年）深入至山西孝义、介休、平遥、文水、交城、太谷、隰县，百姓被杀数万。鞑靼曾7次逼近京师，使畿甸大震，京师戒严。嘉靖二十九年秋，俺答率骑循潮河南下至古北口，遣精骑溃边墙入，大掠怀柔，围顺义，抵通州，直逼京师东直门。大同总兵仇鸾、巡抚杨守谦等率兵勤王。但仇、杨皆愞（音nuò）懦不敢战。兵部尚书丁汝夔不知所措。他们把军士驱出城门，军士流涕不敢向前，将领也相顾变色。后来只得闭门守城。鞑靼焚掠三天三夜后徐徐退走。

皇帝昏庸无能，又经年不临朝，宦官、奸臣专权，朝廷腐败瘫痪无以复加，以致将兵多不能用。天顺八年（1464年），御史陈选曾进谏说："而我边关守臣，因循怠慢，城堡不修，甲仗不利，军士不操习，甚至富者纳月钱而安闲，贫者迫饥寒而逃窜。"嘉靖二十九年俺答犯京师后，吏部侍郎王邦端痛陈军队的腐败，说：平时支粮有人，战时调遣则无人，待敌骑深入，战守都不见兵，能统领的兵也都"老弱疲惫"，属"市井游贩之徒"，衣甲兵器都临时拿到。这种弊端"不在军士，而在将领"，将领"多世胄纨袴"，"以空名支饷，临操则肆集市人呼舞博笑而已"。这样的军队，在强敌铁骑面前怎能不败。

但在抗击鞑靼入侵中也不乏忠勇之士，不少边将浴血牺牲，马革裹尸；多数军士前仆后继，死于沙场。嘉靖末年和隆庆（1567～1572年）时，总督谭纶和总兵戚继光镇守蓟镇，总督王崇古镇西边，总兵李成梁守辽东。鞑靼知有备，不敢轻犯，边民稍获安宁。尤其是戚继光在镇守蓟镇时有许多建树。

戚继光原是抗倭名将，转战浙江、福建沿海。他的戚家军纪律严明，骁勇善战，使倭寇闻风丧胆。隆庆初年，因蓟边多警，朝廷调戚继光总兵蓟镇。戚继光改革蓟镇种种弊端，整饬军纪，并从浙江调来3000戚家军。浙军至郊外，适逢大雨，自早晨至傍晚，浙兵在雨中挺立不动，边军大骇，从此才知有军令。戚继光视察边垣设施，提出在长城上建造空心敌台的建议，本来和谭纶计划3年内修筑3000座敌台，后只建台1200余座。台建成后，"精坚雄壮，二千里声势联接"。戚继光又革新军阵、火器。"蓟门军容遂为诸边冠"。戚继光在镇16年，边备修饬，蓟门安然。

俺答晚年受明封为顺义王，其子嗣也遂与明维持较好关系。但这时东北的建州女真悄然崛起，又成为明朝的边患，而最终取代明朝在中国进行了长达268年的统治。

元、明时，在东北广阔的土地上生活着女真族。他们原是金朝的臣民。元朝时，仍无市井城郭，逐水草而居，以射猎为业。明太祖开始在这里建卫，置辽东都指挥使司（治所在今辽宁辽阳）。成祖统一东北全境，设奴儿干都指挥使司（治所在今俄罗斯境内黑龙江下游和阿姆贡河汇合处的特林），对东北各族进行统治。这时的女真分三部：一部名建州女真，永乐（1403～1424 年）时，南迁到赫图阿拉（今辽宁新宾西南），分布在苏克苏浒河（今苏子河，浑河支流）上游。一部名海西女真，分布于松花江中游。一部名东海女真，分布在黑龙江中下游和乌苏里江以东地区。建州女真与海西女真已逐渐定居，经营农牧业，进入了奴隶制社会。他们极富侵略性，不断向外掠夺，尤其是向汉人掳掠财富和人畜。据说，成化（1465～1487 年）时，建州女真一年内掳掠 97 次，自开原到辽阳 600 余里内，残破汉人数万家，因此与明军屡有战争。其内部也互争雄长，骨肉相残，强凌弱、众暴寡。至隆庆时，海西和建州女真都建国称汗。

1583 年建州女真努尔哈赤兴起，开始向外征讨。1591 年控制了抚顺以东、长白山以南至鸭绿江的广大地区。1616 年，在征服海西、东海诸部后，建后金国，定都赫图阿拉（故城于 2006 年被列为全国重点文物保护单位）。为征战需要，努尔哈赤在 1615 年建立八旗制度，"出则为兵，入则为民，耕战二事，未尝偏废"。八旗是政治、经济、军事三者合一的社会组织形式，战斗性、掠夺性很强，所向披靡。

1618 年，努尔哈赤誓师，发动对明的战争。次年与明军在萨尔浒山（在今辽宁抚顺东约 80 里浑河南岸）大战，明军惨败，折兵 45000 余人。1621 年，努尔哈赤占沈阳，取辽阳，先后攻下辽东 70 余城，明失辽东。后金迁都辽阳。1625 年迁都沈阳。八旗军以劫掠为主，势如破竹，长城内外烽烟骤起，战火纷飞。在与明军争战的同时，后金各个击破了漠南蒙古诸部。1636 年努尔哈赤的继承者皇太极改汗为皇帝，建国号大清，废女真名号，统称满洲族，以盛京（即沈阳）为国都。1636 年漠南蒙古臣附。

国难当头，明廷却腐朽至极，党争愈演愈烈，"文武大小官员，俱是钱买的。文的无谋，武的无勇"。而抗敌良将如熊廷弼、袁崇焕却被诬诛死，真是人妖颠倒，天理何在？

熊廷弼有胆有识，熟知兵事，然他性情刚烈，气盛自负，不为人下，因此招怨甚多，戎马一生却很坎坷。他自万历三十六年（1608 年）即巡抚辽东，筑长城，兴屯田，核军实，赏罚分明，杜绝馈赠，风纪大振。萨尔浒之战明军败后，朝廷以廷弼熟边事，再次调任辽东，经整饬，边防很有起色。次年，熊廷弼受谗言陷害被劾，愤而辞官，回归乡里。1621 年，明失辽东，熊又被起用经略辽东，镇守山海关，但与巡抚王化贞不合。王化贞为人刚愎自用，不习兵事却轻敌。他拥兵 14 万，粮数百万守广宁（今辽宁北镇），而熊廷弼仅有兵 5000 人，徒有经略虚名。1622 年清攻广宁，王弃城而逃。王、熊二人均被论死。由于熊在朝中多怨，魏忠贤欲其速死，多方构罪。天启五年（1625 年）弃市，并传首九边。崇祯元年（1628 年）

才雪冤身首合葬。

袁崇焕更是一位悲剧性的人物。他为人慷慨有胆略，好谈兵，尤谙边事。天启二年（1622年）广宁失守后，袁出驻山海关。他内拊（音 fǔ）军民，外饬边备，劳绩卓著。1623年往守宁远（今辽宁兴城），令祖大寿筑城，宁远遂为关外重镇。1626年，努尔哈赤两渡辽河攻宁远，袁与将士刺血为书，与清军血战。清军退走，努尔哈赤病死。袁受任为辽东巡抚。崇祯元年（1628年）督师辽蓟。次年，皇太极发数十万军越长城攻遵化、蓟州、三河、通州。袁崇焕闻警，"士不传餐，马不再秣"，以"二昼夜驰之百里"急速入援，和清军大战于京师广渠门。袁身先士卒，浑身"箭如猬集"，幸披双重甲未致重伤。皇太极惊叹："十五年来未尝遇此劲敌。"于是，皇太极定下反间毒计，说袁崇焕与清通往有密约，故意"泄密"给被俘的杨太监，后纵杨太监逃回，奔告于崇祯皇帝。崇祯竟然深信不疑，立即捕袁崇焕下狱。辽东将士获知，全军痛哭，部将祖大寿拥兵叛归，朝野震惊。崇祯帝无奈，取袁手书召祖大寿还军以守京师。袁崇焕身陷囹圄，犹以社稷为重，修书招兵，忠心可鉴。袁下狱，魏忠贤余党力构其罪，竟于崇祯三年（1630年）将其诛于西市，兄弟妻子也被流放3000里外。袁入狱后有诗曰："但留清白在，粉骨亦何辞。"刑前遗诗云："身后不愁无勇将，忠魂依旧守辽东。"刑后，他的部属佘义士深痛其冤，冒死偷走袁首级，葬于家屋后园中。至清朝才敢为袁修墓，义士逝后亦葬其侧，佘氏子孙世代守墓，后起祠庙祭祀。墓、祠所在地傍荒城西临卧佛寺，即后之广东义园。墓、祠、庙俱在今北京广渠门内。祠、庙内有李济深、叶恭绰、康有为、梁启超等名人的题词，墓和祠于 2006 年被列为全国重点文物保护单位。

皇太极假手昏庸的崇祯杀死了袁崇焕，再无良将为明守边。清军也因有明叛将叛臣的帮助，于 1644 年进入山海关，长驱自朝阳门入京，宣告了明朝的灭亡、清朝统治的开始。

 明代的万里长城

明代的边患与明朝相始终。残元势力、鞑靼、瓦剌、兀良哈、女真不断侵犯边境，威胁着明朝的安全。明朝廷吸取了宋朝向金兵投降求和、落个偏安江南局面的惨痛教训，在北边境筑长城以自卫，历明一代修筑不绝。明朝的严防措施在明初洪武（1368～1398年）时就开始了。洪武初年，派大将徐达修筑了居庸关和山海关，以遏止残元势力的骚扰。嘉靖（1522～1566年）时，已将九镇边墙连成一体，完成了东起鸭绿江，西抵嘉峪关的万里长城。明长城据 2009 年正式公布全长为 8851.8 公里，其工程技术和防御设施集前代之大成，建筑之宏伟、工程之浩大是空前绝后的。长城翻越于群山峻岭之上，穿过浩瀚的戈壁沙漠，其气势之磅礴雄壮，比起秦始皇长城毫不逊色，或可说有过之而无不及。因此，它成了中国和全世界人民重要的文化遗产。

明长城在明代称边墙。它分辖于九镇，也称九边。九镇分别是辽东镇、蓟镇、宣府镇、太原镇、大同镇、延绥镇、宁夏镇、固原镇、甘肃镇（见图14）。

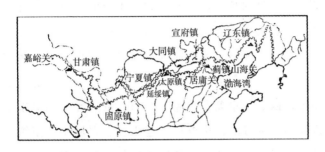

图14　明长城九边重镇示意图

辽东镇在山海关外，这里是满清的发祥地。明筑辽东长城除抵御兀良哈、鞑靼外，也抵御过女真。清统治者极力回避女真曾为明边患的历史事实，在史志和舆图中把辽东长城勾掉了。以讹传讹，就形成了明长城东起蓟镇山海关、尽头在老龙头的观念。明九镇各由总兵镇守，有固定而明确的防区。为了密切各镇的关系，又分设辽蓟、宣大、太原、陕西四镇三总督来加调制。嘉靖时九镇兵额计62万余人。

（1）辽东镇长城。位于今辽宁省，北控东北来侵之敌，是京师的左臂。永乐时，辽河之内就筑有边墙。正统二年（1437年），正式筑长城，成化十七年（1481年）完成。总兵驻所先设于广宁（今辽宁北镇），后移治辽阳。

179

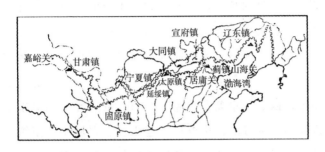

五
明
长
城

　　该镇长城东起鸭绿江西岸、丹东市宽甸县虎山乡虎山村南（东经124°30′56.70″，北纬40°13′19.10″）。向北沿叆江入凤城县、宽甸县、经本溪县、新宾县、抚顺县，渡浑河至铁岭县、开原县、西丰县，再入开原县，经昌图县，折向西南行，重入开原县，循辽河东续经铁岭县、法库县、沈阳市沈北新区、辽中县、辽阳市、过浑河、太子河入海城县，折向西北，越辽河入盘山县、台安县、黑山县、傍医巫闾山东麓入北镇市，西走经阜新县，越大凌河，依大凌河西岸南下入义县、凌海市、葫芦岛市连山区、兴城市，至绥中县，止于锥子山上，与蓟镇长城相接于吾名口台。全长约1040公里。

　　该镇长城的墙体结构有砖墙、夯土墙、石墙几种。砖墙分布在西端锥子山上与蓟镇长城相接的地段，锥子山以东以石墙为多。砖墙通高12米，基宽6米。墙身底部用整齐的花岗岩条石包砌，在条石上砌筑大青砖，其墙心用碎石、沙土筑成。墙顶是通行的墁道，沿墁道外侧砌垛口墙，高2米，内侧砌女墙，高1米，两侧并设排水孔，吐水孔在垛口墙中间。墙内侧设斜坡式马道以供上下。夯土墙现高3～4米，夯土版筑，基宽4米。上部垛口已残，但墙上墩台均用砖石包砌。石墙大都建于山地之上，系就地取材，现高3～4米，基宽4～7米。两侧用块石包砌，顶部垛口墙仍用砖砌。墙上墩台砖砌或石筑。此外，因地制宜，也有土石混筑墙和劈山墙、险山墙以及柞木墙等。在墙体外侧有的地段还发现了堑壕，宽6～10米，深3米。

（2）蓟镇长城。分布于今河北省、天津市、北京市及山西省。它是明京师的重要屏障，也是明长城的精华所在。洪武、永乐时就很重视这一带的边防，修建了一批关城，正统后增筑长城。嘉靖二十七年（1548年）设置蓟镇。嘉靖三十年析置昌镇、真保镇。蓟镇因蓟州而得名，但总兵驻所在今河北省迁西县三屯营。

蓟镇长城东端与辽东长城相接。它的起点在河北省秦皇岛市的山海关老龙头，北向经山海关关城，至抚宁县和绥中县交界的九门口。九门口是横跨九江河的过河城桥，经发掘，在原河床上铺石条，应是其"一片石"别名的由来。九门口于1996年被公布为全国重点文物保护单位。长城又北上至绥中县锥子山与辽东镇长城相接。蓟镇长城折向西，经抚宁县、卢龙县、迁安县、迁西县，过喜峰口。喜峰口位于迁西县西北50余公里处，是一处重要的山口通道。山口左右高峰对峙，洪武年建关，有关门三重，关上有镇远楼和来远楼。喜峰口原名喜逢口，相传古时有一戍卒久不归，其父寻子至此相逢，相抱大笑，喜极而死，于是葬于此，故百姓称为喜逢口，后改今名。长城又入遵化县，经马兰关，走天津市蓟县，过黄崖关，入北京市平谷县，过将军关，北走穿越兴隆县延入密云县（长城北为滦平县），西行，过司马台、金山岭、古北口，入怀柔县，经莲花池关、慕田峪关后，在旧水坑分成西北、西南行两线，旧水坑被学者们称作北京结点。西北行线入延庆县四海，走向赤城；西南行线分作两线入延庆，后汇合至八达岭、居庸关，经门头沟笔架山，越东灵山（见图15），经怀来县、涞水县，入易县、涞源县交界的紫荆关，入山西省灵丘县。长城继续南下行走于河北与山西两省交界的太行山山脊之上，经五台、灵寿、平山、盂县、井陉诸县，过平定县娘子关，再经元氏、赞皇、内丘、昔阳、和顺诸县、邢台市、沙河市，至武安市；长城再起自左权县和武安市交界的摩天岭，经武安峻极关、黄洋关、涉县，抵山西黎城县东阳关终止。

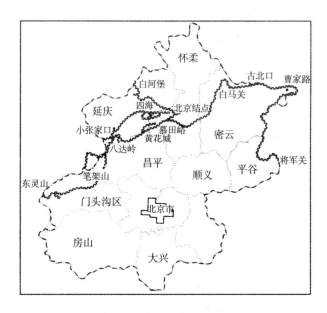

图15　北京地区长城航空遥感分布图

长城行至怀柔县后，走向复杂，学者们对蓟镇长城的西端所止也产生了不同看法。以往认为延庆县四海和昌平县居庸关是其西端点，20 世纪 80 年代因考察的深入和航空遥感调查结果，依据长城结构的不同，有人认为北京结点以西的西北行线已属宣府镇长城，西南行线的笔架山乃至东灵山都仍属蓟镇长城；也有人提出，慕田峪东的莲花池关即是蓟镇长城的终点。至于昌镇和真保镇的起迄点，有学者认为从慕田峪至紫荆关段后归昌镇所辖，紫荆关至唐县西北倒马关后属真保镇管辖。也有学者指八达岭至怀来县段为昌镇所辖；或说门头沟以南已属真保镇的管辖地段；也有学者认为山西灵丘县以南行走于太行山脊的长城均属于真保镇管辖范围。意见多多，莫衷一是。

蓟镇长城腾越于燕山、军都山、太行山山脉上，全长约2000余公里，气势非常雄伟，构筑坚固，为明长城之冠。

该镇长城的墙体结构有砖墙、石墙、山险墙和劈山墙几种。砖墙的比例比其他镇长城明显为多，尤其在北京地区，是以砖墙为主，石墙为次。许多地段出现两重乃至三重的复线。北京地区的长城，若把复线计算在内，长约629公里。各类墙体的构造方法和辽东镇长城相同，在有的砖墙上外侧筑雉堞，内侧筑女墙，中设马道，很是壮观。砖墙现宽者顶宽4.5～6.5米，窄处宽2.5～3米，一般高4.5米左右，保存好的高达10余米。石墙现宽3.5米左右。

（3）宣府镇长城。位于河北省西北部，因总兵驻所设在宣化府故以名镇。长城"南屏京师，后控沙漠"。蒙古族南下往往毁坏宣府镇、大同镇长城而逼近京师，所以这里是要害锁钥之地，战略地位非常重要。永乐七年（1409年）设置宣府镇，遂为重镇。

该镇长城东端连接北京结点，与蓟镇长城相接。西北走向延庆县，过四海，经赤城县，过独石口，西行经沽源县、崇礼县、宣化县、张家口市、万全县、张北县，至怀安县马市口村镇口台。全长约 570 公里。

该镇长城所经地区山峦起伏、沟壑纵横。长城墙体以石砌为主，有的地段用毛石干砌或土石合筑，年久大部坍塌，保存最高者 5～7 米，基宽 2～4 米。在山峰险要地，往往以山为墙成山险墙，平地则砖墙，夯土墙也被采用，后者存高 1～2 米，基宽 4～5 米。综观其质量不及蓟镇之长城。

（4）大同镇长城。位于山西省北界，因总兵驻大同而得名。该镇长城俗称"外边"或外长城。其战略地位同宣府镇，亦属京师的屏障。大同镇于永乐七年（1409 年）设置，东接宣府镇长城西端。长城大都行进在山西省和内蒙古自治区的交界处，向西偏南曲折延伸，经两省、区的天镇县、兴和县、阳高县、丰镇市、大同市新荣区、凉城县、左云县、右玉县、和林格尔县、平鲁县，出山西省入内蒙古自治区清水河县，再入山西省偏关县，止于白羊岭（古称丫角山）。在大同、清水河、偏关等险要地筑有 2～4 重城墙。全长约450 公里。

该镇长城大都建于丘陵或坡地上，城墙破坏严重，有的地段已荡然无存。墙体以黄土夯筑为主，现高 2～7 米。有的土墙可能原系砖石筑成，今只见石基。清水河县等地有石砌墙体。

（5）太原镇长城。亦称山西镇，位于山西省北部和西部黄河东岸。俗称"内边"或内长城。它与蓟、宣府、大同三镇同为拱卫京师畿辅的重镇。太原镇总兵驻所在宁武关（今山西宁武），冬天转驻偏关（今山西偏关）。

该镇长城东端起自灵丘县，与真保镇长城相接。长城趋向西北又向西南行，历繁峙县、浑源县、应县、山阴县、代县、原平县、宁武县，转向西北，过神池县、朔州朔城区，再入神池县，抵偏关县，在丫角山与大同镇长城相接。又出一线，自丫角山西行至老牛湾，再沿黄河东岸屈曲向南，达河曲县石梯子止。全长约近 500 公里。

该镇长城主要蜿蜒于恒山山脉中，除有黄土夯筑、砖砌、石砌、毛石包砌者外，也有山险墙。墙体多遭破坏，保存较好者高 5 米，甚至高 10 米左右。黄河东岸段城墙多见黄土夯筑，有的用石块或片石包砌，破坏也很严重，有的存高 5 ~ 7 米。

（6）延绥镇长城。横亘于陕西省北部，因有延安府、绥德州遂为镇名，总兵初驻绥德州，后移榆林卫城，故亦称榆林镇。这里地处河套，水草肥美，素为边防要地。天顺（1457 ~ 1464 年）年间鞑靼入牧河套，屡引兵内犯，"抄掠延绥无虚时，而边事以棘"。于成化（1465 ~ 1487 年）、弘治（1488 ~ 1505 年）时先后修筑了夹道和大边。

该镇长城东端起自府谷县黄河西岸边，隔黄河与山西省河曲、偏关相望。长城呈西南走向，经神木县，至榆林县。榆林红山上建有镇北台，是明长城线上最

長城史話

大的城台。台分4层,青砖包砌,高30余米,底边长62~64米。台顶原有砖木结构的瞭望楼,毁于清末。登高极目远望,方圆数十里尽收眼底。镇北台于2001年被列为全国重点文物保护单位。长城又过横山县、靖边县至吴旗县,转向西北抵定边县。这条横贯陕北7个县、市的长城始终分南北二线,北线即"大边",南线即"夹道",也称"夹墙"、"二边"。夹道距大边数公里至40公里。"大边"行至定边县分歧,趋向西北者和宁夏盐池县"河东墙"相接,西去者与盐池县"深沟高垒"相连。据记载,宁夏花马池(今盐池)是延绥镇长城的西端所止处。该镇所辖长城全长约1000公里(见图16)。

长城蜿蜒于毛乌素沙漠和黄土高原之间,穿越过纵横流淌的黄甫川、清水河、窟野河、秃尾河、榆溪河、无定河、芦河。许多地段被黄沙刮蚀或掩埋,仅见高大墩台耸立于沙漠中。大边墙体均由黄土夯筑而成,保存较好的残高2~5米。二边基本为"依山凿削"而成,部分地段残存有黄土夯筑的墙体。

(7)宁夏镇长城。位于宁夏回族自治区北部,地处河套西部。银川平原自古农业灌溉发达,沟渠纵横,素有"塞上江南"之称。它的战略地位十分重要,可说是关中的屏蔽,河陇的咽喉。明初驱走蒙古人后即建雄镇,于成化年开始修筑长城。总兵驻所设于宁夏卫城(今银川)。

该镇长城东端在盐池县花马池镇,承接自延绥镇东来之长城。分有两线,北线时称"河东墙",南线时

186

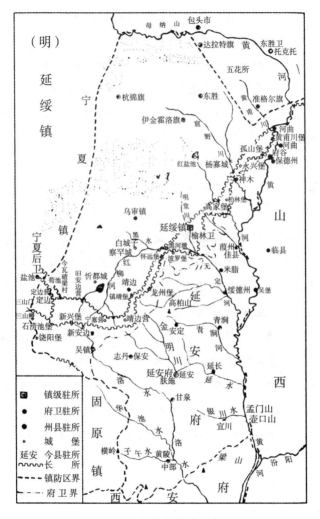

图 16　延绥镇明长城示意图

称"深沟高垒"，两线以 1～12 里的间距向西北行，在兴武营（在今盐池西北 120 里处）相会。河东墙继行止于灵武县东北临河镇横城村黄河东岸。长城又循黄河东岸北上，经陶乐县，抵达内蒙古自治区乌海市巴音陶亥乡迎河村。此黄河东岸段长城，时称"长堤"。长城在陶乐县西渡黄河后改为西行，抵石嘴山市红果子镇，再西至贺兰山偏沟，称"旧北长城"或"北关门墙"。在"旧北长城"南又有一道"北长城"，它东端起自平罗县黄河西岸灵沙乡，西行过石嘴山市，经大武口，止于贺兰山麓打硙口西悬崖下。长城从"旧北长城"西端红果子沟西南行，经大武口、打硙口，依贺兰山东麓延伸向南，经贺兰县、银川市、永宁县。永宁县三关口古称赤木口，是内蒙古阿拉善草原通达贺兰山进宁夏平原的重要交通要道，也是贺兰山最著名的关口，明代在这里从东往西设了三道关，头道关的南北与夯土城墙相连，形势险要，原建筑现已荡然无存。二道关仅存残墙和一处墩台，而三道关遗迹无存。长城过三关口，继续南行经青铜峡市、中宁县，在中宁县黄河从西来而转向北流，长城也因此转向西去而抵中卫县胜金关，在中卫县越黄河趋往西南，止于黄河南岸中卫县和甘肃省靖远县交界处。宁夏镇长城穿行宁夏回族自治区 11 个县市、内蒙古 1 个县，全长约 830 公里（见图 17）。

　　该镇长城除在贺兰山东麓者外，均为黄土夯筑。由于东端地处毛乌素沙漠边缘，遭风沙或雨水破坏，保存较好者，高 4~8 米，宽 10 米左右。在贺兰山地区则大都以山为险，山口如贺兰山口、白寺口筑石为障墙，石墙或土石混筑墙体也被采用，存高 3~4 米。西端出贺兰山脉，处腾格里沙漠南缘，进入黄河冲积平原，墙体一般为黄土夯筑，存高 1~3 米，有的被黄

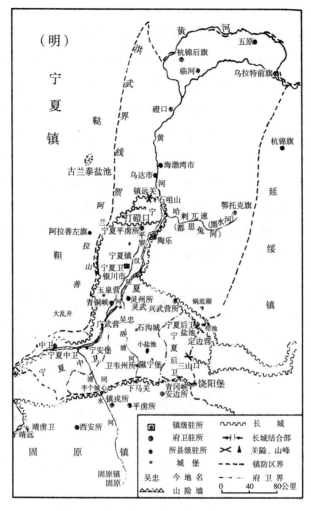

（明）

宁

夏

镇

黄　　河
五原
杭锦后旗
临河
乌拉特前旗
洪
武
界
磴口
线
驼
黄
古兰泰盐池
海渤湾市
杭锦旗
乌达市
镇远关
河
延
贺
石咀山
鄂托克旗
阿
打磶口
哈
刺
兀
速
绥
宁夏平房所
平罗
（都思
兔
（黑水河）
阿拉善左旗
拉
陶乐
河）
镇
驼
山
宁夏镇
汉
驼
善
宁夏卫
银川市
延
玉泉营
青铜峡
河
夏
灵州所
锅底湖
大乱井
灵武 兴武营所
广武营
吴忠
宁夏后卫
苟池
中卫
石沟城
定边营
宁夏中卫
平安堡
小盐池
后
盐池
卫韦州所
花马池
宁
夏
中
三山口
宁
半个城心
隰宁堡
卜马关
同
青冈峡
饶阳堡
永宁戍所
平房所
安边所
靖房卫
西安所
河
靖远
固
原
镇
固原镇
固原

图例
镇级驻所　　　　　长　城
府卫驻所　　　　　长城结合部
所县级驻所　　　　关隘、山峰
城堡
吴忠　今地名　　　府卫界
山险墙　　　　0　40　80公里

图17　宁夏镇明长城示意图

沙所湮没。

（8）固原镇长城。位于宁夏回族自治区南部和甘肃省东南部，因总兵驻所在固原州城（今宁夏固原），遂为镇名。由于宁夏北部多为丘陵、平原地带，驼靼屡入掠固原、平凉一带，为加强边防，弘治中始修筑固原边墙，嘉靖时将边墙西延至甘肃省境内。

固原镇长城是一道内长城，东端起自陕西省定边县，与延绥镇长城相接，西行经甘肃省环县，入宁夏回族自治区盐池县南部的萌城，经同心县，至海原县北部，进入甘肃省靖远县，与宁夏镇长城相接，再循黄河南岸走向西南至兰州市、永靖县，过洮河南下经积石山县、临夏县、和政县、康乐县、临潭县，抵卓尼县洮河北岸。长城自兰州市南下段，于万历（1573～1620 年）时析置临洮镇管辖。固原镇长城全长约 750 公里（见图 18）。

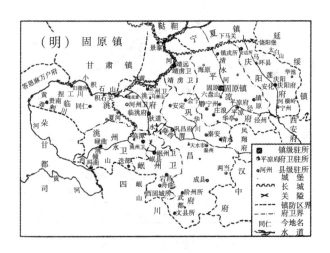

图 18　固原镇明长城示意图

该镇长城为黄土夯筑，筑造质量较差，遭到严重破坏，遗迹大多无存。今在同心县发现下马关关城遗址及关城向东延续的 30 多公里夯土墙体，墙体存高 2～

5 米，基宽 4 米。沿长城犹见 6 座夯土墩台存高达 10 米以上。临潭、卓尼县尚可见到长约 100 公里的夯土城墙遗址。

（7）甘肃镇长城。主要位于甘肃省。由于河西走廊孤悬黄河外，屡受蒙古部落和吐鲁番的侵扰，于是筑长城自卫。该镇长城始修于弘治时，万历年平定松山后，在景泰县、古浪县筑"松山新边"，将宁、固、甘三镇长城更紧密地连成一体。甘肃镇总兵驻甘州五卫城（今张掖）。

该镇长城东南端起自兰州市，与固原镇长城相接。西北走向，循庄浪河东岸北上，过永登县、天祝县乌鞘岭、景泰县、古浪县，渡古浪河，在武威市南与"松山新边"汇合，此新边在景泰县过黄河，沿靖远县黄河南岸东行，与宁夏镇长城相接。长城自武威市北入民勤县。在民勤县，长城分内外两线，内线自民勤南径往西北至永昌县；外线趋往东北，穿过腾格里沙漠西缘，转西折南抵永昌县与内线相汇。长城自永昌县又西北行，傍龙首山、合黎山南麓入山丹县、张掖市、临泽县、高台县，越黑河经金塔县、酒泉市，抵嘉峪关，止于关南 6.13 公里外的祁连山支脉文殊山北麓，东经 98°12′11″，北纬 39°44′36.32″。全长 800 多公里（见图 19）。

该镇长城墙体由黄土夯筑而成，人为破坏严重，有的地段受风沙侵蚀，或埋于黄沙中。保存较好者高 2～5 米，基宽 2～3 米。古浪境内保存有残高 4～8 米，基宽 3.8 米的墙体。在高台县有的地段以壕代墙，壕

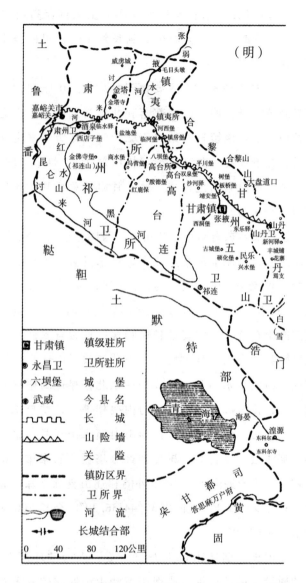

图 19　甘肃

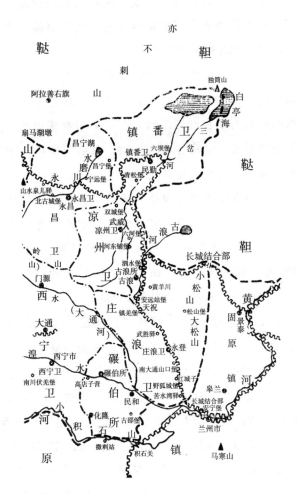

镇明长城示意图

宽约 6 米。嘉峪关市境内发现在夯土墙外侧挖有沟壕。张掖、临泽境内龙首山麓多以山险为障，夯土墙较少采用。在景泰县发现有片石砌墙体，存高 2 米左右。从兰州市河口至古浪县土门镇往往不见长城遗迹，却布列有夯土烽燧台，可能是以烽燧台代替墙体。甘肃省境内共发现烽燧台 773 座。

此外，从永登县河桥驿向西北至天祝县有一道边墙和烽燧线伸往青海省。在青海境内它环建于西宁市之西的交通要道和沟谷之间，主要采用修筑边墙、挖掘堑壕的形式。它从甘肃进入门源县浩门镇后往南经互助、大通、湟中、化隆、贵德、尖扎诸县，抵同仁县。遇山则劈山堑谷，墙体采用夯土构筑，少数地段系石块垒砌。在长城沿线和以西宁为中心并建有烽火台等的报警系统。该段长城乃是明嘉靖三十八年（1559 年）蒙古俺答部落南下侵入青海湖地区后，于嘉靖年间开筑，至万历时初具规模的。

长城是一条防御线，明代长城集历代长城防御设施之大成，在长城沿线建了其数可观的烽燧台、敌楼敌台、堡寨和关城，而且较前代有所发展而更为完善。

从长城伊始，在长城沿线便建有烽燧，以传递军情报警。战国秦长城上出现墩台，既可点燃烽火报警，也可作为战台。从汉简可知，西汉河西边塞烽燧墩台上已建望楼。明代墩台建于长城上，或在长城里侧，也有的在长城外侧，位置不同，用途亦异。在长城墙体上的墩台，一般用以抵御敌人，故称战台、敌台，当然，它也具有举烽烟的功能。位于长城里侧者，有

the通往堡城、镇城，用于传警。位于长城外侧者其数不多，它既可观察敌情，也可用来和长城上的战士配合作战。嘉靖时兵部侍郎就主张多建这种墩台，他说："台列垣内，攻垣而台难顾；台连垣建，而贼登垣则台易溃。……若台于垣外，贼至则烽，贼攻则夹击，少顷则堡兵至，次则援兵亦集。"明代的烽火台也称烟墩，"合设烟墩，并看守墩夫……须要广积秆草，昼夜轮流看望，遇有警急，昼则举烟，夜则举火，接递通报，毋致损坏，有误军情声息。"对烽烟的使用制有明文法令："今边候举放烽炮，若见敌一、二人至百余人，举放一烽一炮，五百人二烽二炮，千人以上三烽三炮，五千人以上四烽四炮，万人以上五烽五炮。""传报得宜克敌者，准奇功，违者处以军法。"墩台的结构与墙体一样，在辽东、蓟镇多为砖、石结构；宣府镇除砖、石结构外，尚有夯土墩台；大同、太原、延绥诸镇夯土墩台大量增加；宁夏、固原、甘肃诸镇除山区为石结构外，以夯土墩台为主。其平面形状有方形和圆形，以方形为主。方形台边长 10 米左右；圆形台径如方形台之边长。保存较好者残高 6 ~ 12 米，布列间距视地区、地形而定，一般为 200 ~ 1000 米，如大同镇宏赐堡"分守长城十九里，边墩二十六座"。据近年调查，明长城全线现存烽火台 5723 座，北京地区有 165 座，山西约 1000 座。

建于长城上的战台突出于长城两侧墙面，可以居高临下打击敌人。为了在城墙上储存军火，给守城兵士提供栖身之地，在战台上建有铺房，即《明史·兵制》所说："垣上宜筑高台，建庐以栖火器。"明初命令："上贮五月粮及薪、药、弩。"翁万达说："长城必有台，利于旁击。台必置屋，以处戍卒。"

隆庆年间，戚继光总兵蓟镇时，对战台提出了改进建议，即把实心战台改为空心敌台（亦称敌楼）。戚继光认为，实心战台，当"敌势众大，乘高四射，守

图20　戚继光《练兵实纪》敌台图

196

卒难立，一堵攻溃，相望奔走，大势突入，莫之能御"。建议骑墙造空心敌台，台高三四丈不等，分为 3 层，底筑基与边墙平，中层空豁，四面设箭窗。上层建楼，周围环以垛口，可以"内卫战卒，下发火炮，外击敌人。敌矢不能及，敌骑不敢近"（见图20）。每台驻兵百名，军器粮食俱备。当时计划蓟、昌两镇共筑台3000座，每年筑1000座，3年完成。后来普遍推广，在长城东段常可见到这种空心敌台。据记载，明长城共有空心敌台12294座，墩台12158座。现见辽东镇二者共计1156座，蓟镇约2000座，北京地区共1510座，张家口地区共860多座，大同镇敌台约800余座，延绥镇有墩台1300余座。明长城全线有敌楼敌台7062座（见图21）。

在长城沿线建有许多堡城。"近城必筑堡，以处伏兵。"按堡的大小、战略地位，每堡驻兵200~600人不等。堡一般以地名命名，也有名靖虏、宁虏、镇羌、镇边、得胜、保安等，带有鲜明的抗敌色彩。据记载，全线约有堡城2980座，近年调查现存和有址可寻者有1000余座，其中北京地区141座。

3　雄关漫道真如铁

长城的通道险要之处（往往是山口）设有关城。全线约有关城一二百处，尤其是东段，群山叠峦，关城尤多，而且是名关迭出，它们在战略地位和战争史上都有重要的地位。

1.实心敌台（尚义县第30号）

2.空心敌台（绥中县第25号）

图21 明代敌台

（1）山海关。位于今河北省秦皇岛市东北。它北负燕山，南临渤海，乃咽喉要冲，形势险要，自古为兵家必争之地。隋唐时曾设榆关，明洪武十四年（1381年），大将徐达选址建关于此，历明一代都有增筑，共占地230公顷。因雄关枕山襟海，故定名"山海关"。

山海关由关城、罗城、翼城、哨城、敌台、长城组成（见图22）。关城平面略呈方形，东墙长 1378 米，西墙长 1290 米，南墙长 1300 米，北墙长 828 米。墙体平均高度 11.6 米，顶宽 12～15 米，均为青砖包砌。东墙两端连接长城，长城南通老龙头，伸入大海，北通九门口直上燕山，形成"铁关金锁接长城"之势。

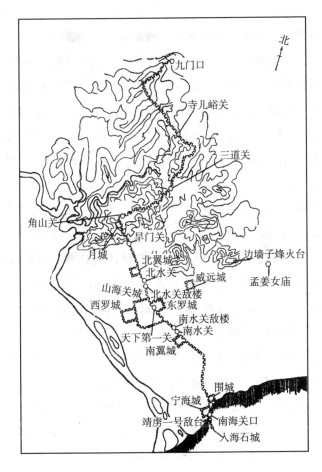

图 22 山海关平面示意图

四墙设四城门，城门之上建有城楼。城楼为木构两层歇山顶建筑，面向城内设门置窗，余三面共开 68 孔箭窗，气宇凛然。东门楼名"镇东楼"，因悬挂有萧显所书"天下第一关"匾额，故又称"天下第一关"。西门楼名"迎恩楼"，南门楼名"望洋楼"，北门楼名"威远楼"。东南、东北角各建角楼，分别名"靖边楼"和"威远堂"。四门外均有瓮城，兵署衙门设于关城之内。真是"关高城重，壁垒森罗"。

关城的东西二墙外均附建罗城。东罗城略呈方形，周长 2045 米。城墙高 8 米，宽 3.2 米，三合土夯筑，外壁包砖，内壁毛石垒砌。设三门，东门上嵌有镌刻"山海关"的石匾。门上建门楼，东门楼名"服远楼"，南门楼名"渤海楼"，北门楼名"衮龙楼"。城内仅东西一街道，从东门通往关城。西罗城比东罗城面积大一倍有余，城墙夯土建筑，西辟一门，名"拱宸门"。东罗城用以驻兵，西罗城是商业和居住地。

关城南、北约 1 公里处的长城西侧各有一座翼城，又名南、北新城。平面略呈方形，周长分别为 1500 米和 1200 米。它们卫翼关城，用于驻军和储存兵器、粮草。

哨城名"威远"和"宁海"。威远城坐落在关城东 1 公里的欢喜岭上，平面呈方形，周长 614 米。该城辟一南门，门外有瓮城，瓮城墙内设 21 个砖洞作为防护掩体。它处长城外侧，是一座居高临下、难攻易守的堡垒城。宁海城在关城南 4 公里海口附近，平面呈不规则梯形，周长 600 米，墙体灰土夯筑，甚是坚固。西、北两面开门。

　　宁海城南有高大的澄海楼。该楼址原是观海览胜的观海亭，万历时改建为两层歇山顶土木结构的防守箭楼，楼上悬明大学士孙承宗手书"雄襟万里"匾额。清统一关内外后，该楼失去了战略价值，成为观潮望海的胜地。清代皇帝每去东北谒陵祭祖途经山海关，都要登澄海楼观海，饮酒赋诗。康熙有诗赞其雄伟曰："朱栏画栋最高楼，海色天容万象收。"乾隆为澄海楼御书匾额楹联，匾曰"元气混沌"，联为"日曜月华从太始，天容海色本澄清"。又一匾曰"澄海楼"。

　　澄海楼南为入海长城，乃戚继光所建。全部由巨型花岗岩条石砌成，基宽 7~8 米，长近 30 米。它建于燕山山脉松岭高地的老龙岗上，屹立于滔滔海水之中，昂首犹如老龙头，是讹传明长城的东端起点。入海长城北高耸靖虏一号敌台。由老龙头、靖虏台、澄海楼组成的海防气势磅礴，"长城万里跨龙头，纵目凭高更上楼。……大风吹日云奔合，巨浪排空雪怒浮"（清陈丹《澄海楼》）。明清诗咏佳句甚多。明张时显《老龙头》有句云：

沧溟极目水连云，秋色遥看已半分。
潮拥高城浮蜃气，剑横绝塞内龙文。

明朱国梓《澄海楼》有句云：

戍楼尽处接危楼，一槛凌空万象收。
云水迷离潮汐古，沧桑泡幻见闻愁。

山海关长城自老龙头北上，经关城，至角山蜿蜒攀越入山，直抵九门口，全长 26 公里。沿线有十大关隘和 40 多座敌台，北翼长城上敌台间距仅有 60 米。

山海关被誉为"天下第一关"（见图23），以《山海关》为题的诗咏尤多，对山海关的形势都有极佳的描写。明马文升诗有句云：

图23　明代山海关

曾闻山海古渝关，今日经行眼界宽。

万顷洪涛观不尽，千寻绝壁画应难。

明闵珪诗有句云：

幽蓟东来第一关，襟连沧海枕青山。

长城远岫分高下，明月寒潮共往还。

202

山海关虽如铜墙铁壁，固若金汤，但明廷的腐败已病入膏肓，山海关也挡不住清兵势如破竹的攻势。崇祯十七年（1644年），清兵在吴三桂开关延敌下进入山海关，攻下北京，明朝覆亡。康熙诗《山海关》中说：

> 重关称第一，扼险倚雄边。
>
> 地势长城接，天空沧海连。
>
> ……
>
> 漫劳严锁钥，空自结山川。
>
> 在德诚非易，临风更慨然。

山海关险则险矣，但统治的稳固在德不在险。

山海关于1961年即第一批被公布为全国重点文物保护单位。

（2）黄崖关。雄踞于天津市蓟县城北25公里的沟河谷地。沟河北来横切燕山，夺道南流，形成沟通燕山南北的孔道。两岸层峦叠嶂，峭壁陡立。因东山石崖多呈黄褐色，每当夕阳西下，映照黄崖如火如荼，分外壮观，故有"夕照黄崖"之称，关也因此得名。

黄崖关始建于永乐时，关城平面呈不规则刀把形，南北最长处为270米，东西最宽处为200米，周长890米，面积约38000平方米。城内有一道纵贯南北的子墙分城为东、西两部，西部子城高出一两米不等，提调官署设于此。关城北枕长城，在东、西、南三面开门，东门外设瓮城，南门为正门，门上嵌汉白玉额匾一方，楷书"黄崖口关"4字，门南30多米处有木构牌楼一座，前额题"蓟北雄关"，背额书"金汤巩固"。城内街道多作丁字形联结，使人入其中不易辨明出路，如敌入关城，使之处处碰壁而挨打，因此有"八卦迷魂阵"的传说。北城墙向东延伸，跨宽约 100 米的泃河，建了一座水关。长城向两侧山岭攀缘，附设许多敌台、敌楼、烟墩。在山顶上还发现石砌火池，近底处设点火孔，2~4 池为一组，可点火报警。52 座敌楼中以凤凰楼居高最为险峻，以寡妇楼最富传奇特色。相传戚继光征调河南戍卒守长城，时有 12 名妇女结伴寻夫至此，惜夫婿已捐躯边关，寡妇们为继夫志，修此敌楼，因以名之。附近还设有六寨：寨名分别为太平寨、东道峪寨、青山岭寨、赤霞峪寨、古强峪寨和船仓峪寨。寨墙全用毛石垒砌，并有箭楼设施，以加强防御能力。

（3）古北口。位于北京市密云县和河北省滦平县交界地带。潮河汹汹北来切断燕山，形成了一道南北交通的山口。唐宋时即置关设兵把守。宋代韩琦《过古北口》诗描绘了古北口的险峻和南来北往的情景：

东西层巘入嵯峨，关口才容数骑过。

天意本将南北限，即今天意又如何。

巘，意为山峰。

宋代通使辽国，都取道古北口。欧阳修、苏辙都曾奉旨出使辽国，在古北口留下诗句，欧阳修《奉使契丹过塞》最为脍炙人口：

古关衰柳聚寒鸦，驻马城头见落霞。

犹去西楼二千里，行人到此莫思家。

　　明洪武十一年（1378 年），大将徐达再建雄关。关城跨两山之间，平面略呈三角形，周长约 2500 米，设城门 3 座，在潮河上建有水门，关城两端和长城相接。古北口虽有"地扼襟喉趋溯漠，天留锁钥枕雄关"之险，而且明代屡加修筑，但仍挡不住蒙古铁蹄。1550 年秋，俺答率骑循潮河南下攻古北口，毁坏长城直逼京师东直门，焚掠三昼夜后，从古北口退走。康熙过古北口时作《古北口》诗感叹道：

断山逾古北，石壁开峻远。

形胜固难凭，在德不在险。

　　古北口关城和附近敌楼大多坍毁，现仅存旧迹。

　　古北口长城绵延向东约 10 公里即金山岭。金山岭是燕山的支脉，千峰竞秀，万壑纵横，长城犹如长龙遨游于上，气势惊人。长城建筑亦不同凡响，在地势高峻处，顶面上只筑外墙，不设垛口，却开密集射眼，上下分 3 排，可供 3 列士兵以立、跪、卧姿射击，增加射击密度。墙上设大量滚雷孔，以增加对敌杀伤力。在城墙上下陡峻处，随着登城梯道步步高起而修筑障墙，障墙上开射孔和瞭望孔，一旦敌人上城，战士可凭障墙抵抗（见图 24）。金山岭长城于 1988 年被列为全国重点文物保护单位。

图24 金山岭明长城

金山岭长城东为司马台水库。长城从两面山上飞奔而来，犹如双龙饮水。明代曾在此建关城，今已毁。司马台东山名老虎山，山势骤然陡峭，怪石横生，行人难攀，但也神奇地筑造了长城和敌楼。

从古北口至司马台敌楼林立，约有100多座，间距50～100米，而且形制多变，造型优美。金山岭上的最大敌楼还附设库房、院墙，防备严密，应是指挥中心所在。老虎山上仙女楼和望京楼最称险绝。仙女楼建于如削的山峰之巅，山坡斜度70°以上，故称天梯。欲登仙女楼，要过天梯、渡天桥，而它们都是人造的墙体。相传由羚羊变成的仙女曾住楼中，故名。仙女楼对面，老虎山主峰顶上有一座高高的敌楼，当万里晴空时，登楼可见京师，夜晚可望京都的万家灯火，因此名为望京楼。

（4）慕田峪关。位于北京市怀柔县北部军都山南麓。它西离旧水坑即北京结点不远，因此是重边长城的起点，而且也是蓟镇长城的最西点，明初开国元勋徐达修筑长城时，西端即起于此。原名"摩天峪"，明代改今名。往西南至紫荆关，自嘉靖三十年（1551年）后析出属昌镇。关城始建于永乐二年（1404年），现已毁，然正关门犹在。它由 3 座敌楼相连组成，居中者较宽大，两侧较小。敌楼为上下两层，四面开箭窗。不从正中城台开门，而是从两侧沿高陡的石梯左右上下，三楼互相贯通，南北通长 37.76 米。这种形式的关门和敌楼实是罕见。隆庆元年（1567年）谭纶、戚继光统辖蓟镇军务，整修长城。慕田峪长城自正关台两侧而出，北面随山势陡然而起，迂回曲折，敌台密集。长城顶部里外都设垛口墙，垛口之下设箭孔，与他处里侧设女墙不同（见图25）。慕田峪风景秀丽，林木葱郁，水草丰茂，长城腾越其上，更显雄壮威武。

（5）居庸关。位于昌平县境内，离北京市区 50 余

图25　慕田峪正关台

公里。两边高山耸峙，中间一径相通。这径乃太行山第八陉，亦即居庸关的关沟。从关沟往东属燕山山脉，军都山蜿蜒向西，自古就是有名的险塞，《吕氏春秋·有始篇》说：山有九塞，居庸是其一。据说，居庸之名称，是由于秦始皇迁徙庸徒（庸，古通傭，现简化为佣，即贫苦受雇的劳力）于此居住而得名的。汉代已设居庸关，近年在内蒙古和林格尔东汉墓壁画上有"居庸关"榜题可证。据《水经注》所载，居庸关是累石为关垣的。它形容居庸关的险峻说："山岫层深，侧道褊狭，林障邃险，路才容轨，晓禽暮兽，寒鸣相和，羁官游子，聆之者莫不伤思矣。"在历史上，居庸关又有西关、军都关、纳款关、蓟门关之称。由于它是通往蒙古草原、东北大平原的要道，辽、金、元争霸中原时，遂成为兵家必争之地，许多故事和胜迹也附会而生。譬如，关的内外有所谓辽国萧太后城、萧太后养鹅池、上花园、下花园、杨六郎拴马桩、杨五郎刻像、穆桂英点将台等。

元代以北京为大都，居庸关成了大都通往上都（在今内蒙古正蓝旗东）的关门御道，所以在此建关。关城中心应在居庸关云台。南北两个大红门即是关门。关城早已毁，唯留有云台遗址。云台建于元至正二年至至正五年（1342～1345年）是元关内的一座过街塔，台上原有并列的 3 座喇嘛塔，台下开券门可通行人车马。今塔已毁，台由白色大理石砌成，底宽 26.84 米，进深 17.57 米，高 9.5 米。台顶四周有白玉栏杆。券门和券洞内浮雕喇嘛教内容的图像，券洞两壁四大天王浮雕中间刻有梵、藏、八思巴、维吾尔、汉、西夏6种文字的经文。喇嘛教图像和六体经文都有很高的学术价值。在云台西北侧原有一座大宝相永明寺，与塔是一整体建筑。寺、塔毁后，明代人讹呼此塔台为"云台"。居庸关云台和元上都遗址分别于1961年和1988年被公布为全国重点文物保护单位。

今存之居庸关为明代景泰（1450～1456年）时所建。它位于长达40余里的关沟之中。南口又称"下口"、"夏口"，为居庸关的入口，北口即八达岭。南口筑有下关，夹涧而城，关城已不存。往北15里即居庸关，城东西跨于巽山和兑山之上。有水、陆两道关门并列，水门已毁。南门尚有"居庸关"匾额。元代云台即在南门之内不远。城内分布有衙署、兵营、泰安寺和"叠翠书院"。北门外建瓮城。往北5公里至上关，北魏关城、元代北大红门、明初徐达以石筑关的关址均在此地。复北行，山路崎岖，地势渐高。有关紧锁谷口，长城忽隐忽现，这就是北口八达岭了。

居庸关关沟内清溪萦绕，层峦叠嶂，草木葱翠，自金代以来就以"居庸叠翠"被列为燕京八景之一。有关居庸关的诗作甚多，诗人们极力描绘了关山的雄险。如元代贡奎《居庸关》诗中云：

> 居庸关高五十里，壁立两崖雄对峙。
> 回峰作势遮欲断，百曲盘旋如磨蚁。
> 阴风白昼吹飕飕，乱石当蹊泉啮齿。
> 道狭才通车一两，贯尾钩连行不止。

康熙在《入居庸关》诗句中又借题阐发了他的政治观点：

> 悬崖壁立垣墉固，古峡泉流昼夜间。
> 须识成城惟众志，称雄不独峙群山。

八达岭地据关沟北端最高处。它南通南口、北京，东北过山海关入松辽平原，北上自古北口越燕山，抵蒙古草原，西去张家口、包头，道路四通八达，故名八达岭。八达岭关城跨两山而建，平面呈不规则方形，面积约 5000 平方米。东西各设一门，相距 43.9 米。东门额题"居庸外镇"，西门额题"北门锁钥"。八达岭高踞雄峙，俯视居庸关，势若高屋建瓴，故说"居庸关之险不在关而在八达岭"。在东门附近的山崖上有"天险"楷书刻字，更烘托出险绝来。东门外还有几块天然岩石，上刻"望京石"，当天空晴朗时，站在石上南望关沟可远眺北京。长城自西墙两翼而出，腾跃山间，其工程质量在明长城中首屈一指，砖墙平均基宽 6.5 米，顶宽 6 米，高 7.8 米，长 12 公里多，有战台 4 座，空心敌台 24 座。

在八达岭西 1.5 公里处有一座岔道城。它主要用于驻兵，同时是八达岭的前哨阵地，可御敌于前沿，是八达岭防御体系的组成部分。

八达岭以她的雄伟吸引无数中外旅游者来此观光游览。尼克松、里根、撒切尔夫人、伊丽莎白二世等 200 余位各国首脑曾光临游览。八达岭长城于

1961 年被公布为全国重点文物保护单位（见图 26）。

图26　八达岭明长城

（6）紫荆关。位于河北省易县城西紫荆岭上，该地崖壁陡峭，属太行山第七陉，古时就在此建关，曾称子庄关、五阮关、金陂关，金、元时因山上多紫荆树，改今名。由于此地地势险要，为兵家必争。据统计，有史可查的大小战争达数百次。明洪武初年即对此关进行了改建和扩建，有明一代修筑未断，足见此关战略地位的重要。明代紫荆关城结构复杂，城分东西两部，东城设衙署，西城屯马兵。北门濒拒马河，石券门向东开，门匾两重，上题"河山带砺"，下题"紫荆关"；南门西开，门匾题"紫塞金城"，原南门外有瓮城，瓮城南门俗称南天门，门匾题"畿南第一雄关"。紫荆关共有城门9座，水门4座。长城自关城两翼向东西伸展，盘旋于悬崖绝壁之上，敌楼雄峙。

明代人黄可润《秋日度紫荆关》诗描述了此关的形势和景致：

> 雄城西接太行山，宣大咽喉在此间。
> 昙寺云烘盘谷道，荆花色紫满秋关。
> 河横拒马成天堑，孔减飞狐表地阃。
> 一带戍垣危绝处，频闻野鸟语闲闲。

紫荆关于 1996 年被公布为全国重点文物保护单位。

（7）倒马关。位于河北省唐县西北太行山东麓，东南为险要的十八盘岭。古称鸿上关、常山关。《元和郡县志》载："山路险峻，马为之倒，因名。"相传宋杨六郎也曾骑马至此而跌倒。又说杨六郎在此拒过辽兵，明人在此立有杨业、杨彦昭父子忠节庙碑，并在关城北马圈山上立了"宋将杨六郎拒守之处"碑。关城为明景泰三年（1452 年）始建，形制独特，一半在沟谷，一半在山上，唐河环关城西、北、东三面而流。关城平面略呈圆角方形，周长 2.5 公里，城墙系三合土夯筑，除东墙内外垒砌河卵石外，余三墙皆外甃砖，内壁砌河卵石，基宽 6 米，存高约 2～10 米。城开三门，东门曰"居仁"，西门曰"由义"，北门曰"宣威"，东西门外原设瓮城。现仅留西城墙、东瓮城北门、关城墙体上墩台 7 座和附近山上的石砌烽火台 5 座。咏倒马关的诗句不少，清代毕沅《倒马关》中云："痴云郁郁锁丛树，万岭千峰盘驿路。铁门亘其间，阳鸟不能度。""坦途无十步，真觉马行难。""关楼缥缈俯空碛，凭栏一望头堪白。"应是写实佳句。

居庸关、紫荆关、倒马关合称内三关。

（8）雁门关。位于今代县西北 20 公里的勾注山上。勾注塞是九塞之一，勾注山也称雁门山，自古有"天下九塞，雁门为首"之称。雁门形势险要，是历代兵戍重地，也是有名的大战场，李牧、李广、卫青、霍去病、杨业等名将都曾鏖战于此。北魏时置西陉关，唐始名雁门关，相沿至今。明洪武七年（1374 年）建关城于今址。它"西抵宁武、偏关，东连紫荆、倒马，北距塞外高原，南屏京畿防务"，可见战略地位之重要。今关城、长城、敌台早已破败残缺，唯存断墙残壁和废墟。关城址平面呈不规则形，南北最长约 500 米，东西最宽约 200 米。关墙系土、砖、石混筑，墙外侧甃砖，基宽 5 米，残高 0.5～5 米。辟城门 3 座，小北门已毁，东、西门系砖券，上嵌石额匾，分别题刻"天险"、"地利"两字。城门上原有万历年所建门楼，但在抗日战争中被日军焚毁。小北门门额上原也嵌石匾，刻"雁门关"三字，关门左右嵌砖镌楹联："三关冲要无双地，九塞尊崇第一关。"原关内外筑大石墙 3 道，小石墙 25 道，隘口 18 处。其地重峦叠嶂，峭峰峥嵘，长城蜿蜒曲折，敌台林立（见图 27）。现仅在关城西海拔 1760 米的猴岑岭上存有长约 2.5 公里的长城一段，墙体用砖砌筑，现高约 2 米，其上留有箭孔和垛口。墙体上有砖砌方形空心敌台 6 座，间距 300～500 米，并存方形夯筑的烽火台 8 座。雁门关及长

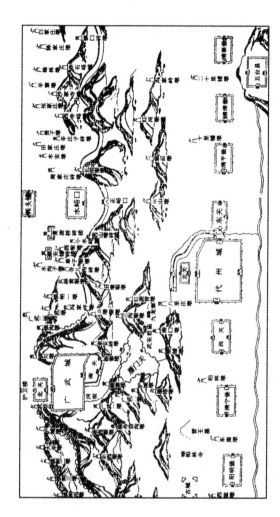

图 27 雁门关一带长城形势图

（据明代原绘图藏图重绘）

城于 2001 年被列为全国重点文物保护单位。

今日今景恰似金代诗人元好问《雁门关外》一诗所描述的：

四海于今正一家，生民何处不桑麻？

重关独据千寻岭，深夏犹飞六出花。

云暗白杨连马邑，天围青冢渺龙沙。

凭高吊古情无尽，空对西风数去鸦。

（9）宁武关。位于今宁武县城，管涔山、恒山、云中山、芦芽山环亘四周。其地古时为楼烦地，赵武灵王曾设楼烦关。明关始建于景泰元年（1450 年），重兵驻此，"东可卫雁门，西可以援偏关"。关城初建时，"方四里，高二丈五尺，下有堑"。东、西、南面开门，门名"仁胜"、"人和"、"迎薰"，上建城楼。弘治十一年（1498 年）扩建，加筑北门和城楼。始建时用夯土构筑，"隆庆四年（1570 年）始议砖石包砌。今关城已毁，仅存残垣和城内一座鼓楼。关城平面呈不规则形，东西长约 550 米，南北宽度不详，东门外有瓮城址。长城横亘于关城北约 13 余公里，敌楼也多遭破坏。

（10）偏关。又名偏头关，位于今偏关县城，它东衔管涔山，西通黄河。因地扼险，五代北汉置偏头寨，元时在此建偏头关。洪武二十二年（1389 年），明建关城于今址。后续有展拓，万历二年（1574 年）城墙予以甃砖。史料记载："城周围五里十八步，高三丈五

215

尺，东、西、南三面各开一门。"因关城东仰西伏，状如人头偏歪，故俗称偏头关。太原镇总兵即驻偏关。大同镇和太原镇所辖外、内二长城交会于关城东丫角山，后西延至黄河边。在关城附近还修了多道延伸几百里称作"二边墙"、"三边墙"、"四边墙"的长城，密布烽火台和敌楼，所以流传"铜偏关，铁宁武"的说法。偏关具有"宣大以蔽京师，偏头以蔽全晋"的战略地位。诗颂其曰：

> 雄关鼎宁雁，山连紫塞长。
> 地控黄河北，金城巩晋强。

惜今关城已毁，仅存城墙残垣。关城平面呈不规则形状，东西最长约1000米，南北最宽约928米。残垣长23～477米不等。南门位于南墙西侧，经近年重修。西门现为宽20米的豁口，门外有瓮城遗迹。南门和西门外原各有1座女城，今都只存城门，南门外女城的城门东向，门额上书"安远门"3字。在偏关县境内今存有长城上的敌台近200座、烽火台300余座和附属于长城的堡城址20来座。黄河滨老牛湾山崖上的空心敌楼保存犹好，高约12米，南壁辟砖券门，门额题"老牛湾墩"，并署"万历五年岁次丁丑季夏吉日……"。

雁门关、宁武关、偏关合称外三门，雁门关关门楹联中的"三关"即指此。这三关自东迤西并列，均属太原镇管辖，三关镇守驻宁武关。它们与内三关组成重重屏障，捍卫着京师。

（11）嘉峪关。位于甘肃省嘉峪关市。关南面是祁连山支脉文殊山，北面是合黎山支脉黑山，两山夹峙，中间形成嘉峪塬，即嘉峪山。关城就雄踞于嘉峪山上。嘉峪关地处河西走廊西端，自古是中原通往西域的要道，也是丝绸之路的必经之地，汉代张骞、班超父子出使西域、唐僧玄奘取经天竺（今印度）都经由此地，元朝时意大利人马可·波罗也是取道于此而入元大都的。西汉的河西长城经过嘉峪关市。五代时在此设天门关。明洪武五年（1372 年），征虏大将军冯胜伐残元至河西，择此咽喉之地筑土城置嘉峪关。后因吐鲁番贵族常侵扰河西，于弘治八年（1495 年）、正德元年（1506 年）、嘉靖十八年（1539 年）3 次大兴工程，遂使嘉峪关成为明长城西端终点的雄关。

嘉峪关关城由内城、瓮城、罗城、外城、城壕等组成（见图 28）。内城呈梯形，城墙西长 166 米，东长 154 米，南、北均长 160 米，高 9 米，加垛墙共高 10.7 米。6 米以下为黄土夯筑，以上用土坯加筑，基宽 6.6 米，顶宽 2 米，收分明显。顶部外侧砖砌垛墙，内侧砌女墙。西墙垛口间设灯槽。辟东、西二门，东门额题"光华门"，西门额题"柔远门"，砖砌券门，门底铺条石。城门上建 3 层歇山式木结构城楼，顶覆绿琉璃瓦。二门北侧有斜坡马道直到城上。南、北无门，然于中段各筑一座敌楼。城四隅设角楼。东、西二门外修瓮城，瓮城门南开。东瓮城门额题"朝宗"，西瓮城门额题"会极"。门上亦各建城楼，建造用料一如内

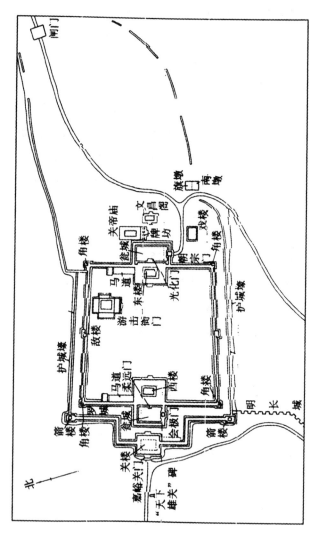

图 28 嘉峪关平面图

城。在关城西墙外和西瓮城城墙外侧 6 米处加筑一道
厚墙，形成凸形重关，称为罗城。罗城城墙以条石为
基，墙身包砖，长 191.3 米，基宽 25 米，顶宽 5.3 米，
高 10.5 米，墙上垛墙密列，墙两端各建箭楼。罗城墙
正中设关门，它是西来进关的第一道城门，也即正关
门，门额刻乾隆御笔"嘉峪关"。门上原建有城楼，清
左宗棠书"天下第一雄关"匾额悬于楼上，今楼、匾
已毁。门外百余米处有一座清代竖立"天下雄关"石
碑。内城之外东、南、北三面各筑一道 3.8 米的夯土
墙，称外城。外城总长 1000 米，在东北角开一门，名
东闸门，是检查行人出入的地方。关城四周环绕护城
河，现宽、深各 2 米。关城内有游击将军府、文昌阁、
关帝庙、兵营、仓库等建筑（见图 29）。

图 29　明代嘉峪关

　　始筑嘉峪关 160 余年中，该关只是孤城一座立于
大漠中。至 1539 年，为了加强防御，在关城附近修了
3 道夯土长城，即西长城、东长城和北长城。西长城为
南北走向，位于关城两翼。南翼直向南延伸至文殊山

北麓南山中，北翼向西北延伸至黑山山腰，各长 7.5 公里左右。在西长城的外侧挖有口宽 9.8 米的堑壕。当时南翼长城称明墙，北翼长城称暗壁。明墙暗壁的修筑使关城真正成了河西走廊上的锁钥。东长城西起关城北暗壁附近，东北行经野麻湾，折向东南至新城堡，长 24378 米。北长城自新城堡往东至酒泉大古城，与明长城相接。

嘉峪关是明长城线上的名关，它屹立于两山夹峙的戈壁荒漠之中历四五百年而不倒，而且是长城关城中保存最好的一座。值得一述的是，这样一座建筑坚固的名关，城墙却是用黄土夯筑而成的。当然其建造工程的质量是很高的。传说，用于修筑城墙的黄土首先要经严格的筛选，还要铺放在青石板上让烈日曝晒，以免日后草籽发芽。夯筑时在黄土中搀入棉麻、灰浆和糯米汁以增强黏结度。筑好后，要在一定距离内用箭射墙，如箭头碰壁落地方可验收。因此，虽是夯土城台却能承受砖砌城楼的沉重压力，城墙久经风雨而岿然不动。在建造砖砌城楼时，据说也是经过周密计算，提出用砖数，到工程结束时，只剩下一块砖。人们把这块砖放置在西瓮城"会极"门楼后边的狭窄檐台上，可望而不可取，以留作永久的纪念。嘉峪关还传有"击石燕鸣"之说。原来，在内城二城门内城台北侧和城墙衔接处，以石相击，会发出悦耳的燕鸣声。从这燕鸣声中萌发出许多美丽动人的传说。究其原理，是因这两处墙角均为90°夹角，墙体高大，上部收分明显，状如喇叭，加上墙体结构致密，形成声学折射的回音现象。这种种特殊之处正体现出劳动人民的智慧。

嘉峪关壮观雄伟，引后人无限咏叹，清人裴景福在《登嘉峪关》诗中描述它说：

> 长城高与白云齐，一蹑危楼万堞低。
> 锁钥九边联漠北，九泥四郡划安西。

可谓代表。四郡指河西走廊的武威、酒泉、张掖、敦煌，安西在敦煌郡，今敦煌市的东北、嘉峪关外。

林则徐虎门禁烟，为中国人民伸张了正义，但于烟片战争后不久即遭人诬害，被清廷充军新疆。在他途经嘉峪关时曾作《出嘉峪关感赋》二首备赞此关的险扼，其一诗曰：

> 严关百尺界天西，万里征人驻马蹄。
> 飞阁遥连秦树直，缭垣斜压陇云低。
> 天山巉削摩肩立，瀚海苍茫入望迷。
> 谁道崤函千古险，回看只见一丸泥。

崤（音 xiáo，又读 yáo）函，位于今河南省西部灵宝市东北，即古之函谷关，因关在谷中，深险如函而得名。此谷东起崤山，西至潼津，通称函谷。关以西即是关中，故自古视为天险，是历代兵家必争之地。

嘉峪关于 1961 年即被公布为全国重点文物保护单位。

六 清代——长城的终结

 清朝的民族关系与对蒙古族、
藏族的怀柔政策

中国自古以来就是一个多民族的国家。原雄踞东北的满族通过努尔哈赤、皇太极几代人的极力经营、扩张和残酷的战争，终于在 1644 年进入山海关取代了腐朽昏庸的明朝而建立了清朝。

清朝在我国历史上处于一个统一、巩固和发展的时期。据《清史稿·地理志》载，最盛期的疆域可"东极三姓所属库页岛，西极新疆疏勒至于葱岭，北极外兴安岭，南极广东琼州之崖山"，并收复了台湾，基本上奠定了近现代中国的版图。

清朝原是东北的一个落后少数民族入主中原而建立的朝代，国内的民族矛盾多而且尖锐。首先他剿灭了李自成、张献忠农民军的反清斗争和明朝残余力量所扶持的南明政权，平定了西南三藩抗清联合势力，残酷制服了汉族士民的反抗，但满汉矛盾始终潜伏，如太平天国、捻军、白莲教等的农民起义不断涌现。

尤其在西北和西南地区在平定准噶尔和大小金川中，清廷投入了大量的兵力和财力。在对待这些民族对抗和斗争中，清廷采取了不少防御措施，虽然没有大兴工役修筑长城，但亦有不少类似长城体系中的工程措施。

世人皆以为清朝未修长城，这与清初的皇帝口口声声称帝王治天下在德不在险有很大的关系。最著名的当是康熙（1662～1722年）的一段话了，《清圣祖实录》载：康熙三十年五月，康熙云："帝王治天下，自有本原，不专恃险阻。秦筑长城以来，汉唐宋亦常修理，其时岂无边患？明末我太祖统大兵长驱直入，诸路瓦解，皆莫敢当。可见守固之道惟在修德安民。民心悦，则邦本得，而边境自固，所谓众志成城者是也。"康熙在北出京城道经明长城的关隘险要之处，也往往大发议论作诗抒发这一观点，如在《出畿东观秋成》诗中有云：

> 古北龙旗近，渔阳凤辇行。
>
> 戍楼烽火息，险岂借长城。

又如《古北口》诗云：

> 断山逾古北，石壁开峻远。
>
> 形胜固难凭，在德不在险。

乾隆（1736～1795年在位）《九月十三日进张家口途中得诗五首》其一云：

223

粉榆别碛景，闾里接林烟。

牡钥雄关固，丸泥荒塞连。

清时为外户，昔日此三边。

守险何如德，停鞭益慨然。

嘉庆（1796～1820 年）作《长城歌》中云：

万里连绵置戍长，东接山海西甘凉。

劳民疲力奋白梃，万世丕基二世亡（指秦二
世）。

乃知在德不在险，祖龙侈愿终荒唐。

雉堞排空果何用，漫论南北分岩疆。

道光（1821～1850 年）《出山海关》诗中犹云：

圣代固防长在德，岂曾设险倚岩扉。

我们姑且不论清朝统治者在边防上是否都是"在
德不在险"，但他们在民族关系方面的确也采取了较为
高明的怀柔政策，如在对待蒙古和西藏问题上就很突
出而且成绩斐然。

蒙古族在明中叶后，人口日益繁衍，力量逐渐强
大。东起大兴安岭，并有大漠南北、天山两侧，西及
青海、西藏的广大地区都是蒙古各部活动和居住的地
域，控制范围几乎是清代版图的一半。因此，处理蒙
古的政策是清代边疆民族事务中的重要国策。明崇祯

九年（1636年），漠南蒙古归附清，并在清入主中原中起了积极的作用。康熙二十七年（1688年），游牧于伊犁一带的准噶尔大举进攻漠北蒙古。漠北诸部于是决定归附清廷，清派兵击败准噶尔。康熙三十年，康熙亲赴多伦诺尔（今承德西北）与漠南、漠北蒙古诸部首领会盟，漠北蒙古正式成为清廷的藩属。清廷在蒙古地区推行盟旗制度，加强统治，确是："重之以屏障，联之以婚姻，此皆列帝之所怀柔安辑，故历世二百余年，无敢生异志者。"由此巩固了祖国的北疆。

西藏地区于公元7世纪时，建立了强大的吐蕃王朝。公元641年，吐蕃王松赞干布和唐宗室文成公主结婚，开启了与中原王朝密切的联系。元朝伊始，由于良好的蒙藏民族关系，中央政府即对西藏行使了统治权力，西藏正式加入了元朝的版图，这在此后的民族关系上具有重大意义。1642年，五世达赖和四世班禅派人到盛京，觐见清太宗皇太极，与清建立了联系。顺治九年（1652年）清派使者将达赖迎到北京，并特为他建造了西黄寺，翌年给他册封达赖喇嘛的名号，赐有满、汉、藏、蒙四种民族文字的金印金册。由中央政府赐封号并确定其在西藏的政教领袖地位，由此成为了固定的制度。康熙五十二年（1713年），清廷又册封五世班禅为"班禅额尔德尼"，赐给金印金册，班禅的封号和班禅在西藏的政教地位也从此正式确定。但是清政府与西藏的关系也并非一帆风顺，在西藏也多次发生内乱并有漠西蒙古的插手，清廷也多次派兵平定。康熙、雍正、乾隆时陆续对藏区的行政区划和行政制度都进行了调整和规范，在确立西藏"政教合一"制度的同时，还确立了驻藏大臣有与达赖喇嘛共同管理西藏政务的平等地位。

众所周知，藏族信奉喇嘛教即藏传佛教，喇嘛教在蒙古族中亦广泛传播。清廷为了稳定对蒙、藏等民族的统治，采取了尊崇喇嘛教的政策，鼓励藏蒙地区广建喇嘛寺庙，据说清初青海的喇嘛寺庙已达数千座，清末漠南蒙古地区有寺庙一千多座。清政府并特给寺院以大量的赏赐和优厚待遇，封赐四大喇嘛教首领，即达赖喇嘛、班禅额尔德尼、章嘉呼图克图和哲布尊丹巴呼图克图，分别主持卫藏、漠南和漠北的宗教事务。每年安排上层喇嘛进京觐见，享受与王公贵族同等的待遇。承德避暑山庄的外八庙就是康熙至乾隆年间为笼络藏蒙上层统治者而建的喇嘛寺庙。其中普陀宗乘之庙是为乾隆六旬寿辰、皇太后八旬寿辰接待国内各少数民族王公贵族而建，其建筑形制乃仿自西藏拉萨布达拉宫，普陀宗乘即是藏语布达拉的汉译，故又有小布达拉宫之称。须弥福寿之庙是为乾隆七旬寿辰，班禅额尔德尼要远道来此觐见而于一年时间建成的。1961 年起将外八庙公布为全国重点文化保护单位，1994 年联合国教科文组织世界遗产委员会批准将承德避暑山庄及周围寺庙列为世界文化遗产。

清朝所施的怀柔政策取得了良好的成效，所以康熙非常得意，他说："昔秦兴土石之工，修筑长城，我朝施恩于喀尔喀，使之防务朔方，较长城更为坚固。"

喀尔喀是漠北蒙古的一部。嘉庆在前引的《长城歌》中也说："雄关稽古存其概，怀柔每岁临山庄。"

 ## 清代的烽火台和长城

　　然而在当时的西北地区却生活和活跃着众多的民族，有的势力非常强大，不会轻易听命于清廷，其中蒙古准噶尔部就是如此。准噶尔部属于漠西瓦剌蒙古（清初称为"厄鲁特"）中的一部，游牧于新疆的伊犁一带。明清之际，势力日益壮大，拥兵数十万，占据天山南北，与清为敌。清初准噶尔首领噶尔丹即勾结沙俄不断侵犯漠北蒙古喀尔喀部，掠夺漠南蒙古乌珠穆沁部人畜，直接威胁到清边疆的稳定和安全。于是康熙于二十九年至三十四年（1690～1695年）间三次亲征并挫败噶尔丹。准噶尔部还插手西藏制造内乱，乘机大肆焚掠，康熙于五十七年派兵入藏平息了变乱。雍正、乾隆年间亦多次用兵平叛。至乾隆二十二年（1757年），清再派大军攻占伊犁，平定了准噶尔部。乾隆立即在伊犁等地分置将军、参赞大臣等，巩固了对天山北路的统治。其后，被准噶尔所掳的维吾尔部首领大、小和卓尔逃回南疆企图割据，起兵并号召各部反清。乾隆二十四年，遣清军分两路出击，平定了反叛，统一了天山南北。乾隆二十七年加强和完善了军事、政治和经济的措施，从此新疆全境直接划归清朝版图。道光八年（1828年）又平定了大和卓尔之孙张格尔在英国殖民主义者支持下发动的叛乱。

西北的回族在明代已发展成单一的民族共同体，主要聚居于陕西、甘肃、宁夏等地。清初，回民就参与了当地农民军的抗清斗争。顺治五年（1648年），回民在甘州（今张掖）发动起义，提出"反清复明"的口号，并率领10万人众攻占了凉州（今武威）、兰州、肃州（今酒泉）、岷县等地，声势浩大。回民在甘肃地区的抗争坚持了两年，至翌年年底，才被清军镇压下去。居于甘肃临夏东乡的东乡族也参加了这一次回民的抗清斗争。回族人民反清斗争时断时续。同治三年（1864年）新疆回族起兵反清。同治五年捻军入陕，陕、甘回民举旗响应。当时捻军自南而北，回军自西而东，纵横各千余里，清军疲于奔命。同治八年被左宗棠镇压。左宗棠用"先抚后剿"的不义策略，制造了"金积堡事件"（在今宁夏吴忠），又诱骗甘肃、青海回民，对他们进行了残酷的屠杀。事后他甚至直言不讳供认说"环视尸骸枕藉，即老弱妇女亦颇不免。"

自元代起就居住在青海省东部的撒拉族，因不堪忍受清政府的征调负担以及当地宗教上层和土司的盘剥欺压，于乾隆四十六年（1781年）掀起了反清斗争。回族和东乡族人民也积极支持和参与，起义军迅速攻占了河州（今甘肃临夏），并进抵兰州西关。清政府调集大批兵力却遭致多次失败，伤亡惨重。最后以断水绝路的办法，才攻克起义军占领的兰州西南华林山，起义军余部退入华林寺，在清军火攻下，全部壮烈牺牲，无一降者。

因此，在清政府看来西北地区不仅民族众多，而且是一个多事的地区。于是大量派兵驻守，建立战略要地，设戍堡、驿站、炮台和卡伦（蒙语，即哨卡），同时还修缮了明长城一些地段的墙体和烽火台，也构建了不少的烽火台，建立起一个庞大而严密的军事统治体系。这些军事设施在西北的大地上仍留有遗迹。如在新疆和甘肃就发现清代烽火台约百余处之多，新疆的烽火台以东部哈密地区最多，约有 30 余座。烽火台的构筑也是因地制宜，有夯土筑、夯土中夹砾石、土坯垒砌、土坯和夯土混筑、外土坯内垒片石，以及外垒砌石块中实块土木棍等。其平面形状以方形为主，也有长方形、圆形的。现存方形最大的残高 10 米，底边长 9.7 米；长方形最大的残高 12 米，边长 11.6 米和 9.4 米；圆形的残高 4.5 米，径 8 米。有的烽火台辟多门，门内设相连的居室，或外设围墙，墙内有房，或有环绕壕沟。

在青海东部撒拉族、回族聚居地区，在明代时筑有长城，它东北接甘肃的甘肃镇长城，经门源、互助、大通、湟中、化隆、贵德、尖扎诸县至同仁县。清雍正十年（1732 年）予以重修，乾隆十年（1745 年）又进行了维修，应该是为了防御撒拉族、回族的举措。

原藏梵蒂冈罗马教廷图书馆、今藏梵蒂冈人类学博物馆东亚特藏部的一幅中国长城图，为我们提供了清朝修缮利用明长城的又一史实。该图系清康熙四十七年（1708 年）命天主教耶稣会神父白晋等人绘制。图为手绘彩色绢底横卷，横幅宽 22.3 厘米，总长 3.35

米，图上方位为上南下北。图分 13 帧，所绘长城西起甘肃嘉峪关，东迄山西大同。自嘉峪关至陕西神木段、宁夏横城段描绘较详细，长城沿线共罗列大小镇堡 183 座，并标上名称，道里远近。沿途河流走向、山岭分布亦甚分明。在扼要之地还附注简短题记，题记约有七八十条之多，在长城以内详列墩台堡寨方位、清驻军数目；长城之外则备记边疆民族如"西夷"、"贼彝"，其首领"噶尔丹"、"达赖台吉"、"劳藏滚卜"、"劳藏滚卜兄弟嘎尔旦多尔"之名等，以及他们的驻地、住牧地。同时画了或三五成群，或独个的骑马"夷人"形象，其旁注上名称和放牧地。史载康熙三十六年（1697 年），康熙曾亲自巡视了长城沿线的军事防备情况，反映了朝廷对长城的重视程度。这与清初"今天下可患者，独西夷也。西夷之患，必始西陲"的形势是吻合的。由此可见，清代初年，为防御西北诸族的进犯作乱，不仅修缮明长城，"驱石筑城"，筑烽火台，而且派重兵镇守。

清朝对付边疆民族采取了两手政策，即怀柔羁縻和军事镇压，也就是现代人所称的胡萝卜和大棒政策。

清朝的各族农民起义和骚动事件此起彼伏，接连不断。据《东华录》载，自道光二十一年至二十九年（1841～1849 年）的 9 年间就发生 110 次。有的持续数年，席卷数省，令清廷疲于应付。在考古调查中亦发现有多处长城可能是当年为防范农民起义留下的遗迹。其一位于陕西省白河县、旬阳县与湖北省竹山县交界处的山梁上，基本呈东西走向，在陕西省两县境内共长约 110 公里。墙体系采用毛石或块石、条石砌成，或以块石和三合土混筑。石墙残高 0.5～5 米，基宽 1～5 米。在沿线设有门、箭楼、墙垛、箭孔、马道等建筑遗存，门洞上建有楼。研究者根据其构筑、形制以及白河、旬阳县志中有白莲教曾在这一带活动的记载，判断它是清朝为对付起义军所采取的坚壁清野政策的史证。清嘉庆元年（1796 年）在湖北襄阳等地暴发白莲教起义，参加起义的农民达数十万人，转战于川、楚、陕、甘、豫地区，坚持斗争达 9 年之久，沉重打击了清王朝的统治。

其二是清政府重修了位于山东的战国齐长城，甚至在长城之上增修垛堞、券门、马道等乃至关隘。如章丘市与莱芜市莱城区交界线上大厂北山至鲁地北山长 3636 米的墙体、锦阳关两侧山上长 760 米的墙体，皆为清代所修，墙顶上建有垛堞和站台。锦阳关原有石碑记此段长城为咸丰辛酉年（十一年，1861 年）建。青石关上原遗有曾国藩的"曾王所栖处"碑一通。现存关北门由青石和石灰岩石砌筑的券门犹高 4 米，宽 2.56 米，进深 8.7 米，门上嵌清代人阴刻楷书"青石关"门额，关侧立咸丰十一年重修碑一通。长城沿线的城堡、要塞和兵站遗址有的也属清代建造。学者们咸以为清王朝在齐长城上大举修缮、增建，是为了抗击捻军农民起义。

其三是清政府在山西黄河东岸修筑了一道长城。它南起自乡宁县枣岭乡毛教村，沿黄河北上经吉县，抵大宁县徐家垛乡窑子村北。全长约 120 公里。墙体外侧由片石垒筑，中填杂石和土，毁坏严重，存高 1～

2.5 米，宽约 0.8~1.5 米。沿线存留烽火台 18 座，多建于山顶高处。台体系黄土夯筑，个别外表砌砖，也有石砌的。台平面呈方形、圆形或台基作方形、其上为圆形。底边长或底径现为 1.5~6.5 米，存高 3.2~8.6 米。附近发现屯兵城堡 4 座，炮台 2 座。早年调查时在吉县曾发现修长墙碑多通，今仅存小船窝村的一通，碑载清同治七年（1868 年）六月至十一月在小船窝一带修筑长墙、壕沟及烽墩之事。光绪《山西通志》载：清代晚期在此一线为防止捻军东进设置了长墙及附属设施。从时间和地域分析，其时正是西捻军从陕西渡黄河东进山西之时，清政府作这等举措是不足为怪的。

捻党原是山东、河南、安徽等省农民的一种秘密组织。咸丰三年（1853 年）太平天国占领南京后，各地捻党纷纷响应，组成了声势浩大的农民起义军即捻军，从此展开反清的武装斗争，驰骋于皖、鲁、豫、苏、鄂一带。咸丰七年接受太平天国的领导，屡败清军，曾在山东曹州（治今菏泽）击杀清军统帅僧格林沁，清廷大骇。同治七年，西捻军入陕西联合回民作战，后为援东捻军入山西，转战直隶（今河北），清廷急派恭亲王奕䜣督旗兵迎敌，又遣湘、淮军，安徽、山东各省军追踪北上。捻军寡不敌众，终于在同治七年八月在山东茌平徒骇河边被歼，全军覆没。捻军坚持武装斗争达 16 年，转战江苏、安徽、湖北、山东、河南、陕西、山西、直隶达 8 省，严重威胁到清廷的安危。故此在捻军活动的山东利用齐长城，在山西修筑新的长城防御工事是完全可能的。

　　清政府不是不修长城，只是未大兴土木，未大搞长城工程而已。

 3　清代的柳条边

　　清代的柳条边是另类的长城，它似长城可又不是长城，但在研究和论述中往往将它归入长城中。

　　众所周知，满族发祥于东北地区。努尔哈赤建立后金政权，先后在此建有三京，即赫图阿拉"天眷兴京"（今辽宁新宾）、东京（今辽阳太子河东岸）和盛京（今沈阳）。清先祖努尔哈赤的远祖、曾祖、祖父、父亲等人的陵墓永陵位于兴京，清太祖努尔哈赤陵墓福陵和太宗皇太极的陵墓昭陵坐落于盛京（永陵、昭陵和福陵分别于 1982 年和 1988 年列入全国重点文物保护单位名单），满洲人也多聚居于此。因此，满洲贵族一贯视这里为"龙兴之地"、"国家根本重地"，是绝不许外人侵犯和随意出入的禁地。为了保护这"龙兴之地"，保护八旗人民的利益，清统治者修筑了"柳条边"以标明禁区的界限，规定满洲族以外的人民是不能进入该地区放牧和狩猎的，乃至蒙古牧民也不能入此禁地。《奉天通志》就说："清起东北，蒙古内附，修边示限，使牧畜游猎之民，知所止境。"不仅如此，柳条边也限制边内的人擅自到边外去，因为柳条边外有满洲贵族专有的围场和采参、采珠之地，还明文规定，乌拉（吉林）一带地方，只准许王、贝勒、贝子、国公派遣打牲壮丁采捕人参、鳇鱼、珍珠和貂皮等物,其他官民人等一概不得私自采捕。在吉林省永吉乌拉街设立打牲乌拉总管衙门专司为清王室提供贡品。清政府在柳条边上设置了边门,规定出入边门的制度:"山海关及各边门,官民往来出入,均由部予印牒,守者验实,乃准经行。"违者必处重刑。

柳条边并非军事对抗的工程设施,因此构筑是比较简单的。据记载,它是掘土为壕,垒土为墙。壕口宽八尺,底宽五尺、深三尺。堆土于内侧成墙,于其上插种柳枝,每五尺三株,用绳连结,即所谓插柳结绳,年久柳枝长成大树。故又称"柳边"、"条子边"或"柳条边墙"。柳条边从皇太极崇德三年(1638年)开始经营,至康熙二十年(1681年)完成,历时40余年,前后筑有老边、新边两道。

老边修筑于崇德三年至顺治十八年(1661年)。全线位于辽宁省境内。东端起自东港市长山镇窟窿山南黄海滨,向北经凤城市(凤凰边门、叆阳边门)、本溪、新宾(兴京门、旺清门)、桓仁、清原、西丰、开原(威远堡边门)、昌图、法库诸县、新民市(彰武台边门)、彰武县、黑山县,转西经阜新县、清河门区、北票市、义县,向南延向凌海市、朝阳县、葫芦岛市南票区、连山区、兴城县、绥中县,达明蓟镇明长城。它的走向几乎与明长城平行,途经23个市、区、县,全长约975公里。一些地段修筑在山丘险要之地。遗迹断断续续,从东港至阜新、葫芦岛市的南票至绥中段乃清晰可见。壕沟存宽约2~7米,深约1米;土垣存高约 1 米。沿边设 16 座边门以通内外，各边门的位置尚可确指，除上述边门仍有遗址外，多数已不存，如本溪的碱厂边门、清原的英额边门、法库的法库边门、黑山的白土厂门、清河门区的清河边门、朝阳县的松岭边门等留存有地名。

皇太极最早修建的是东端起始点，并利用了明长城，顺治年间逐渐北展至开原，后又向西延伸到绥中与明长城相接，边门的开设亦完成于顺治之时。基本上呈南北走向的东段之筑，其意是为了防止朝鲜人越境采掘人参，保护"天眷兴京"赫图阿拉和永陵，从开原西行的柳条边是划分盛京省与蒙古的游牧疆界。故老边亦称"盛京边墙"。

新边修筑于康熙九年至二十年（1670～1681 年）。它南端与老边的开原威远堡相接，走向东北，经昌图进入吉林省，经四平市（布尔图库苏巴尔汗边门）、梨树县、公主岭市、伊通县、长春市、九台县、德惠县，至舒兰县（法特哈边门），经 10 个市、县，全长约 345 公里。遗址保存较好，壕沟存宽约 2.5～8 米，深 1～2 米；土垣存高 1～1.5 米，基宽 3～4 米。沿线开有 4 座边门均在吉林境内，从南往北依次为四平的布尔图库苏巴尔汁边门、公主岭的克尔素边门、长春的伊通边门（又名易屯边门）、舒兰的法特哈边门（又名巴延鄂佛罗边门）。四平和舒兰的边门现尚存遗址。吉林地亦是满洲族的"龙兴发祥之地"，何况还是满洲贵族的围场和采捕奇珍瑰宝之所在。新边的修筑也是为了划分满洲贵族与蒙古族的游牧疆界。

　　清入主中原后人口繁衍，柳条边内族田不够分配，于是康熙年间在老边、新边之外曾三次向外拓展，并增设边门，老边西段即外拓约 20 公里，这就是所谓的"三展皇边"，致使柳条边的线路更显复杂。拓边后，边墙以内为垦地，以西为蒙古诸部游牧区，东段以东为围场禁地。

　　柳条边的构筑不完全同长城，亦不似长城坚固，更不具有军事对抗性质，它只是清王朝为了保卫满洲贵族特权地域所设的禁区标示而已。

结束语

　　在世界历史上，不只中国筑长城。希腊、罗马、英国、丹麦、高丽都筑过长城，长长短短约有十来条。其中较为重要、较有规模的如公元前457年希腊半岛上雅典人所筑防御斯巴达人的长城。共筑3条，称北长城、中长城、南长城，北、中长城各长约7.5公里，南长城长约64公里。由石块砌成，高7米余。公元前404年，伯罗奔尼撒战争中雅典失败，长城被迫拆毁。公元117年，罗马帝国为阻挡日耳曼人，在北界自莱茵河向东至多瑙河间修筑了一道长约584公里的长城。公元121年，罗马帝国在不列颠岛上筑了一道长城，或称罗马长城、哈德良长城，东起英国东海岸沃尔森德，越彭奈恩山脉，抵西海岸索尔威湾的博尼斯，全长约118公里。由巨石砌成，高约4.5米。墙上建大小碉堡16个及隐蔽士兵的角楼，墙内外侧挖壕沟。1033～1044年，高丽为防御北方契丹辽国的进犯，在北界筑长城，西起鸭绿江入海口，向东延伸，止于今咸镜南道定平郡的都连浦，全长1000余里，故又称朝鲜千里长城。墙体以巨石砌成，高、宽各约8米。

　　毋须多言，中国长城无论在时间、长度、所跨地域、建筑规模和质量上，都是举世无双的。不仅如此，中国长城对中国历史有着巨大的作用和深远的意义。它影响了王朝的兴衰、人民的生活，促进了边境地区的开发和经济的发展，促进了民族的交往和融合，而且萌发产生了丰富多彩的长城文学和艺术。

纵观长城发展史，可以得出结论：中华民族是爱好和平的民族。它筑了两千年的长城，目的只有一个，抵御强敌，保卫和平。就是在王朝强盛的时候，也是打败强敌后筑长城以自卫。中华民族还是宽容大度的民族，一度曾是劲敌的塞外之民都可进入中国大家庭，共同进步、共同发展。中华民族也是不屈的民族，在近代抗日战争中，我们还高歌筑起我们新的长城，以表达打败侵略者的决心。中国历史能绵延数千年不断，不仅因为我们筑了长城，而且在民族精神中也有一座巍巍的长城。

长城保卫了国家安全，稳定了经济发展，但由于封建统治者轻视人民，不惜民力，劳动人民为筑长城付出了沉重的代价。君不见那长城上一抔土、一块石、一块砖，无一不是人民垒上去的。统治者给予人民的只是皮鞭、饥饿和死亡。长城是一首血染的歌，泪浸的诗。今天，我们拥有长城这一祖先留下的珍贵文化遗产，应该分外地爱惜。

长城是劳动人民血汗和智慧凝成的丰碑。

长城是中国人民爱好和平的象征。

长城是中国人的骄傲。

长城是伟大的。

长城是永恒的。

参考书目

1. 罗哲文、刘文渊：《世界奇迹——长城》，文物出版社，1992。

2. 彭曦：《战国秦长城考察与研究》，西北大学出版社，1990。

3. 冯永谦、何溥滢：《辽宁古长城》，辽宁人民出版社，1986。

4. 王玲：《北京的长城》，北京燕山出版社，1991。

5. 华夏子：《明长城考实》，档案出版社，1988。

6. 张立辉：《山海关长城》，文物出版社，1990。

7. 高凤山、张军武：《嘉峪关及明长城》，文物出版社，1989。

8. 国家文物局主编《中国文物地图集》有关省、市、自治区分册，中国地图出版社、西安地图出版社，1991～2011。《中国文物地图集·河北分册》即将出版，近年新的考古发现，蒙河北省长城调查负责人李文龙先生慨允采用，深表谢意。

9. 顾颉刚、钟敬文等：《孟姜女故事论文集》，中国民间文艺出版社，1984。

10. 高旺编纂《中国历代长城诗大全》（上、下册），中国广播电视出版社，1994。

《中国史话》总目录

系列名	序号	书名	作者
物质文明系列（10种）	1	农业科技史话	李根蟠
	2	水利史话	郭松义
	3	蚕桑丝绸史话	刘克祥
	4	棉麻纺织史话	刘克祥
	5	火器史话	王育成
	6	造纸史话	张大伟　曹江红
	7	印刷史话	罗仲辉
	8	矿冶史话	唐际根
	9	医学史话	朱建平　黄　健
	10	计量史话	关增建
物化历史系列（28种）	11	长江史话	卫家雄　华林甫
	12	黄河史话	辛德勇
	13	运河史话	付崇兰
	14	长城史话	叶小燕
	15	城市史话	付崇兰
	16	七大古都史话	李遇春　陈良伟
	17	民居建筑史话	白云翔
	18	宫殿建筑史话	杨鸿勋
	19	故宫史话	姜舜源

系列名	序号	书名	作者
物化历史系列（28种）	20	园林史话	杨鸿勋
	21	圆明园史话	吴伯娅
	22	石窟寺史话	常 青
	23	古塔史话	刘祚臣
	24	寺观史话	陈可畏
	25	陵寝史话	刘庆柱　李毓芳
	26	敦煌史话	杨宝玉
	27	孔庙史话	曲英杰
	28	甲骨文史话	张利军
	29	金文史话	杜　勇　周宝宏
	30	石器史话	李宗山
	31	石刻史话	赵　超
	32	古玉史话	卢兆荫
	33	青铜器史话	曹淑琴　殷玮璋
	34	简牍史话	王子今　赵宠亮
	35	陶瓷史话	谢端琚　马文宽
	36	玻璃器史话	安家瑶
	37	家具史话	李宗山
	38	文房四宝史话	李雪梅　安久亮

系列名	序号	书　名	作　者
制度、名物与史事沿革系列（20种）	39	中国早期国家史话	王　和
	40	中华民族史话	陈琳国　陈　群
	41	官制史话	谢保成
	42	宰相史话	刘晖春
	43	监察史话	王　正
	44	科举史话	李尚英
	45	状元史话	宋元强
	46	学校史话	樊克政
	47	书院史话	樊克政
	48	赋役制度史话	徐东升
	49	军制史话	刘昭祥　王晓卫
	50	兵器史话	杨　毅　杨　泓
	51	名战史话	黄朴民
	52	屯田史话	张印栋
	53	商业史话	吴　慧
	54	货币史话	刘精诚　李祖德
	55	宫廷政治史话	任士英
	56	变法史话	王子今
	57	和亲史话	宋　超
	58	海疆开发史话	安　京

系列名	序号	书名	作者
交通与交流系列 (13种)	59	丝绸之路史话	孟凡人
	60	海上丝路史话	杜 瑜
	61	漕运史话	江太新 苏金玉
	62	驿道史话	王子今
	63	旅行史话	黄石林
	64	航海史话	王 杰 李宝民 王 莉
	65	交通工具史话	郑若葵
	66	中西交流史话	张国刚
	67	满汉文化交流史话	定宜庄
	68	汉藏文化交流史话	刘 忠
	69	蒙藏文化交流史话	丁守璞 杨恩洪
	70	中日文化交流史话	冯佐哲
	71	中国阿拉伯文化交流史话	宋 岘
思想学术系列 (21种)	72	文明起源史话	杜金鹏 焦天龙
	73	汉字史话	郭小武
	74	天文学史话	冯 时
	75	地理学史话	杜 瑜
	76	儒家史话	孙开泰
	77	法家史话	孙开泰
	78	兵家史话	王晓卫

系列名	序号	书名	作者
思想学术系列（21种）	79	玄学史话	张齐明
	80	道教史话	王 卡
	81	佛教史话	魏道儒
	82	中国基督教史话	王美秀
	83	民间信仰史话	侯 杰
	84	训诂学史话	周信炎
	85	帛书史话	陈松长
	86	四书五经史话	黄鸿春
	87	史学史话	谢保成
	88	哲学史话	谷 方
	89	方志史话	卫家雄
	90	考古学史话	朱乃诚
	91	物理学史话	王 冰
	92	地图史话	朱玲玲
文学艺术系列（8种）	93	书法史话	朱守道
	94	绘画史话	李福顺
	95	诗歌史话	陶文鹏
	96	散文史话	郑永晓
	97	音韵史话	张惠英
	98	戏曲史话	王卫民
	99	小说史话	周中明　吴家荣
	100	杂技史话	崔乐泉

系列名	序号	书 名	作 者
社会风俗系列（13种）	101	宗族史话	冯尔康　阎爱民
	102	家庭史话	张国刚
	103	婚姻史话	张　涛　项永琴
	104	礼俗史话	王贵民
	105	节俗史话	韩养民　郭兴文
	106	饮食史话	王仁湘
	107	饮茶史话	王仁湘　杨焕新
	108	饮酒史话	袁立泽
	109	服饰史话	赵连赏
	110	体育史话	崔乐泉
	111	养生史话	罗时铭
	112	收藏史话	李雪梅
	113	丧葬史话	张捷夫
近代政治史系列（28种）	114	鸦片战争史话	朱谐汉
	115	太平天国史话	张远鹏
	116	洋务运动史话	丁贤俊
	117	甲午战争史话	寇　伟
	118	戊戌维新运动史话	刘悦斌
	119	义和团史话	卞修跃
	120	辛亥革命史话	张海鹏　邓红洲

系列名	序号	书名	作者
近代政治史系列（28种）	121	五四运动史话	常丕军
	122	北洋政府史话	潘荣　魏又行
	123	国民政府史话	郑则民
	124	十年内战史话	贾维
	125	中华苏维埃史话	杨丽琼　刘强
	126	西安事变史话	李义彬
	127	抗日战争史话	荣维木
	128	陕甘宁边区政府史话	刘东社　刘全娥
	129	解放战争史话	汪朝光
	130	革命根据地史话	马洪武　王明生
	131	中国人民解放军史话	荣维木
	132	宪政史话	徐辉琪　傅建成
	133	工人运动史话	唐玉良　高爱娣
	134	农民运动史话	方之光　龚云
	135	青年运动史话	郭贵儒
	136	妇女运动史话	刘红　刘光永
	137	土地改革史话	董志凯　陈廷煊
	138	买办史话	潘君祥　顾柏荣
	139	四大家族史话	江绍贞
	140	汪伪政权史话	闻少华
	141	伪满洲国史话	齐福霖

系列名	序号	书名	作者
近代经济生活系列（17种）	142	人口史话	姜 涛
	143	禁烟史话	王宏斌
	144	海关史话	陈霞飞 蔡渭洲
	145	铁路史话	龚 云
	146	矿业史话	纪 辛
	147	航运史话	张后铨
	148	邮政史话	修晓波
	149	金融史话	陈争平
	150	通货膨胀史话	郑起东
	151	外债史话	陈争平
	152	商会史话	虞和平
	153	农业改进史话	章 楷
	154	民族工业发展史话	徐建生
	155	灾荒史话	刘仰东 夏明方
	156	流民史话	池子华
	157	秘密社会史话	刘才赋
	158	旗人史话	刘小萌
近代中外关系系列（13种）	159	西洋器物传入中国史话	隋元芬
	160	中外不平等条约史话	李育民
	161	开埠史话	杜 语
	162	教案史话	夏春涛
	163	中英关系史话	孙 庆
	164	中法关系史话	葛夫平

系列名	序号	书名	作者
近代中外关系系列（13种）	165	中德关系史话	杜继东
	166	中日关系史话	王建朗
	167	中美关系史话	陶文钊
	168	中俄关系史话	薛衔天
	169	中苏关系史话	黄纪莲
	170	华侨史话	陈　民　任贵祥
	171	华工史话	董丛林
近代精神文化系列（18种）	172	政治思想史话	朱志敏
	173	伦理道德史话	马　勇
	174	启蒙思潮史话	彭平一
	175	三民主义史话	贺　渊
	176	社会主义思潮史话	张　武　张艳国　喻承久
	177	无政府主义思潮史话	汤庭芬
	178	教育史话	朱从兵
	179	大学史话	金以林
	180	留学史话	刘志强　张学继
	181	法制史话	李　力
	182	报刊史话	李仲明
	183	出版史话	刘俐娜
	184	科学技术史话	姜　超

系列名	序号	书名	作者
近代精神文化系列（18种）	185	翻译史话	王晓丹
	186	美术史话	龚产兴
	187	音乐史话	梁茂春
	188	电影史话	孙立峰
	189	话剧史话	梁淑安
近代区域文化系列（11种）	190	北京史话	果鸿孝
	191	上海史话	马学强 宋钻友
	192	天津史话	罗澍伟
	193	广州史话	张 苹 张 磊
	194	武汉史话	皮明麻 郑自来
	195	重庆史话	隗瀛涛 沈松平
	196	新疆史话	王建民
	197	西藏史话	徐志民
	198	香港史话	刘蜀永
	199	澳门史话	邓开颂 陆晓敏 杨仁飞
	200	台湾史话	程朝云

《中国史话》主要编辑
出版发行人

总 策 划	谢寿光	王 正	
执行策划	杨 群	徐思彦	宋月华
	梁艳玲	刘晖春	张国春
统 筹	黄 丹	宋淑洁	
设计总监	孙元明		
市场推广	蔡继辉	刘德顺	李丽丽
责任印制	岳 阳		